Des missiologies importées

Leur incidence sur la formation théologique en Afrique francophone

LIVRES HIPPO

Des missiologies importées

Leur incidence sur la formation théologique
en Afrique francophone

Fohle Lygunda li-M

LIVRES HIPPO

© Fohle Lygunda li-M, 2023

Publié en 2023 par LivresHippo.
- Centre de Publications Évangéliques, 08 B. P. 900 Abidjan 08, Côte d'Ivoire
- Presses Bibliques Africaines, 03 B. P. 345 Cotonou, Bénin
- Éditions CLÉ, B.P. 1501 Yaoundé, Cameroun
- Excelsis Diffusions, 385 chemin du Clos 26450 Charols, France
- Langham Partnership PO Box 296, Carlisle, Cumbria, CA3 9WZ, Royaume-Uni
  www.langhampublishing.org
- Conseil des institutions théologiques d'Afrique francophone (CITAF), B.P. : 684 Abidjan,
  Côte d'Ivoire, www.citaf.org

Couverture : projectluz.com
Mise en page : Vincent-de-Paul LELE (Editions CLE)

1re édition – 1re impression
ISBN : 978-99982-966-4-0
N° de dépôt légal : 14445 du 21 octobre 2022, 4e trimestre, Bibliothèque nationale du Bénin.

British Library Cataloguing in Publication Data
A catalogue record for this book is available from the British Library
Numéros ISBN des versions numériques de l'ouvrage :
978-99982-966-4-0 Format papier
978-1-83973-787-9 Format Mobi
978-1-83973-786-2 Format ePub
978-1-83973-788-6 Format PDF

À ma mère, Gesenda Botalega Mikal,

rappelée à Dieu pour la gloire éternelle le 24 août 2021,
alors que je préparais le manuscrit final de ce document en vue de sa publication. C'est le fruit de son héritage.

Sommaire

Préface

Ce livre incontournable sur la missiologie en Afrique francophone sert de catalyseur pour que la missiologie prenne sa juste place parmi les autres disciplines théologiques. Dr Lygunda examine trente ans de missiologie en Afrique francophone, à commencer par la création du Centre universitaire de missiologie à Kinshasa en 1990. Il réfléchit sur la missiologie en Afrique francophone en se demandant d'où nous venons, où nous en sommes maintenant et où nous allons. Il projette ensuite la missiologie au cours des trente prochaines années (2020-2050). Nous sommes à la croisée des chemins entre les trente dernières années de missiologie en Afrique francophone et les trente prochaines années. D'une part, nous devons préserver l'histoire de cette discipline et les leçons apprises ; d'autre part, au lieu d'être coincés dans le passé, de nouvelles idées doivent être développées pour créer un avenir productif, influencé par les expériences passées et rendu nécessaire par les réalités actuelles.

Dr Lygunda fait au moins quatre contributions importantes dans ce livre. Premièrement, pour contrer l'impact que les diverses approches missiologiques mondiales ont sur l'Afrique francophone, il présente aux lecteurs francophones une synthèse de ce qui doit être approfondi en Afrique francophone, où la missiologie est simplement pratiquée comme une poursuite académique de théologiens. Deuxièmement, il souligne la proximité entre la théologie et la missiologie, et que la missiologie a toujours été étudiée dans le cadre de l'enseignement théologique plus large. Différents modèles importés sont utilisés en Afrique francophone, allant des programmes d'études formels aux programmes non formels et même informels, conduisant à des malentendus et à une confusion parmi les missiologues africains francophones. Il est important de considérer la missiologie comme une discipline distincte qui diffère des autres disciplines théologiques. Troisièmement, la missiologie est parfois mal comprise parce qu'étant une nouvelle discipline en Afrique francophone. Les institutions théologiques en Afrique francophone, en particulier en

République Démocratique du Congo, sont confrontées à des défis missiologiques. Pour surmonter ces défis, Dr Lygunda aborde la missiologie plus en profondeur sous les rubriques suivantes :

– définition et évolution de la missiologie ;
– missiologie comme discipline transformatrice ;
– missiologie comme discipline à transformer ;
– défis auxquels sont confrontées les institutions théologiques.

Quatrièmement, nous devons évaluer, planifier et mettre en œuvre une formation missiologique qui se traduira par une formation missiologique de qualité, une recherche scientifique de qualité et par un service efficace à la communauté et la société.

Il sera donc utile pour les lecteurs de poser les mêmes questions que celles que pose Dr Lygunda en introduction : D'où venons-nous, où sommes-nous et où allons-nous ? Avec des érudits comme l'auteur de ce livre, les 30 prochaines années de missiologie en Afrique francophone seraient entre de bonnes mains.

Dr Pieter HJ Labuschagne

Chargé de programme doctoral (Curriculum Coordinator)
South African Theological Seminary (SATS), Afrique du Sud

Liste des abréviations

APM : Association of Professors of Missions

ASBL : Association Sans But Lucratif

ATS : Association of Theological Schools

BTI : Boston Theological Institute

CAMM : Cours Abrégé de Mission Mondiale

COE : Conseil Œcuménique des Eglises

CUM : Centre Universitaire de Missiologie

ECC : Eglise du Christ au Congo

FACTEC : Faculté de Théologie Evangélique du Cameroun

FATAD : Faculté de Théologie des Assemblées de Dieu

FATEB : Faculté de Théologie Evangélique de Bangui

FATMES : Faculté de Théologie et de Missiologie Evangélique au Sahel

IASCOME : International Anglican Standing Commission on Mission and Evangelism

IMS : Institut Missionnaire du Sahel

LMD : Licence, Master, Doctorat

MAS : Master of Advanced Studies in Ecumenical Studies

NWU : North-West University

OCMS : Oxford Centre for Mission Studies

ONG : Organisation non-Gouvernementale

RDC : République Démocratique du Congo

REMEAF : Réseau de Missiologie Evangélique en Afrique Francophone

REMIF : Réseau Evangélique des Missiologues pour la Francophonie

SIS : School of Intercultural Studies

SITMA : Studies in Intercultural Theology at the Mission Academy

UNISA : University of South Africa

UPAC : Université Protestante d'Afrique Centrale

UPC : Université Protestante au Congo

WCM : World Christianity and Mission

Introduction
Des missiologues francophones
à la croisée des chemins

Voici trois décennies, en Afrique francophone, que des études missiologiques sont organisées, d'abord en un Centre universitaire de missiologie à Kinshasa en 1990 par le professeur Nzash Lumeya, puis en un département de Sciences de Mission, Œcuménisme et Sciences de Religion sous l'impulsion du feu professeur Mushila Nyamankank au sein de la Faculté de théologie de l'Université protestante au Congo en 1997.

30 ans, c'est toute une génération ! Une génération passe (1990-2020) et donne lieu à une autre (2020-2050). De facto, plusieurs questions sont légitimes dans une telle situation : d'où venons-nous, où sommes-nous et où allons-nous ? Quel avenir pour la missiologie en Afrique francophone ? Aujourd'hui, nous nous trouvons sans doute à la croisée des chemins, entre les deux générations, confrontés à la fois à une tentation, à un devoir et à un piège :

- *tentation* : nous risquons de succomber à la tentation d'ignorer tous les sacrifices et efforts de ceux qui ont fait de nous ce que nous sommes devenus aujourd'hui. La conséquence sera soit de continuer avec les mêmes essais-et-erreurs de nos prédécesseurs, soit de rester amnésiques et inertes sans chercher à porter ce que nous avons hérité à un autre niveau au regard de nouvelles réalités, nouvelles exigences, nouveaux enjeux, nouveaux défis et nouvelles opportunités en matière d'éducation en général, et d'enseignement supérieur et universitaire en particulier ;
- *devoir* : cela conduit au grand devoir qui nous incombe principalement de sauvegarder l'histoire de cette discipline, y compris les leçons acquises de toutes les vicissitudes endurées et bravées par

1

nos prédécesseurs. Sauvegarder cette histoire est donc une chose, mais poser de nouvelles bases pour les générations futures en est une autre. Ici la tendance peut être soit de continuer sans retoucher tout ce que nous avons acquis, soit d'en faire *tabula rasa*, soit de rénover ou de créer sur les anciennes bases au regard des nouveaux enjeux, défis et opportunités ;

- *piège* : un grand piège pour nous serait de répéter l'expression « on n'invente pas la roue ». Beaucoup de gens ont raison de ne pas encourager une telle expression qui risque de nous maintenir dans une situation d'inertie et de fixisme, celle de marquer le pas, ou simplement de copier et coller (plagiat déguisé). « Qui n'avance pas recule », dit-on ! On peut certes reculer pour mieux sauter, mais marcher à reculons est à craindre. Car dans ce cas, ce serait planifier soit sa chute libre, soit son effacement sur l'échiquier local ou extra-local. Comme nous le savons, le monde vit de nouvelles idées tirées des anciennes expériences, forgées par les réalités présentes, pour orienter un avenir plus radieux et plus productif.

Ce texte fut initialement conçu dans le cadre d'une conférence panafricaine de missiologie protestante en Afrique francophone, prévue du 26-27 novembre 2020 en visioconférence. Cette conférence, placée sous le double signe de « retrospection et de prospection », se voulait un cadre inclusif de célébration et de réflexion. Et ce, en raison de tout ce que le Seigneur aura fait à travers nos prédécesseurs, dont certains sont déjà rappelés au repos céleste (comme René Daïdanso du Tchad, Isaac Zokoué de la République centrafricaine, Mushila Nyamankank de la RDC, et tant d'autres) et d'autres continuent encore de jouir du don de la vie (comme Tite Tiénou du Burkina Faso, Nzash Lumeya de la RDC et tant d'autres).

On aurait pu parler de tous les autres, hommes et femmes, ayant contribué d'une manière ou d'une autre à la promotion de la missiologie en Afrique francophone. Les limites imposées par le timing de préparatifs et le souci de se servir d'un échantillon nous avaient obligés à nous tenir à quelques éminentes personnalités susmentionnées. À cet effet, cinq orateurs avaient parlé chacun de la contribution de l'une de ces personnalités à l'émergence de la missiologie, des études missiologiques et de recherche missiologique en Afrique francophone, en rapport notamment avec l'un ou l'autre des trois aspects ci-après :

- aspect théologique (initiative ou discours théologique académiques pour la promotion des études missiologiques) ;
- aspect missiologique (initiative ou discours académiques pour la promotion des études missiologiques) ;
- aspect pratique (initiative ou engagement à la pratique missionnaire pour la promotion des études missiologiques).

Le manuscrit du présent texte fut d'une grande importance pour la conférence dans la mesure où il servit d'arrière-plan aux différents exposés retenus. Par exemple, il contient des évidences du premier exposé de la conférence qui porta sur le fait que la missiologie est une discipline à haut risque dans un contexte où elle n'est pas encore amplement connue. Il est utile d'insister sur l'aspect informatif et évaluatif de l'événement. Cependant, pour bien en saisir la portée et la quintessence, il fallait des sujets devant servir de base à tous les exposés retenus pour cette grande rencontre historique. Il s'agissait, dans un premier temps, de clarifier la problématique de la diversité dans la formation missiologique à travers le monde, dont l'impact sur l'Afrique francophone est indéniable. Dans un deuxième temps, il était question de revisiter l'histoire, les définitions et les malentendus autour de la missiologie, de la formation missiologique et de la recherche missiologique en référence à l'Afrique francophone. Dans un troisième temps enfin, il importait d'élaborer quelques critères d'évaluation quantitative et qualitative d'une offre de formation missiologique.

Le souhait le plus ardent, en publiant quelques extraits traduits de l'anglais de mes autres publications et adaptés pour les besoins de la cause, est d'offrir aux lecteurs francophones une synthèse plus ou moins cohérente de ce qui devrait faire l'objet de recherches plus approfondies et contextualisées dans chaque pays de l'Afrique francophone où, d'une manière générale, la missiologie est encore une discipline académique qui se cherche dans le corpus théologique.

Ma gratitude va à l'endroit de ma famille qui souffre de temps de privation à cause de tous ces efforts pour la promotion de la missiologie. Mes remerciements vont aux aînés, aux collègues et aux cadets dans notre domaine académique de prédilection qui a tant besoin d'une génération consciente des enjeux, défis et opportunités y afférents, mais aussi d'une génération combattante et proactive pour l'émergence d'un christianisme africain, missionnaire par essence. Et tout cela devra passer par une théologie, mieux, un corpus théologique, qui soit véritablement au service de la *Missio Dei* qui se veut à la fois glocale et holistique.

Kinshasa, le 10 septembre 2021.

Fohle Lygunda li-M (DMin, PhD)

Chapitre 1
Diversité dans la formation missiologique aujourd'hui : points de convergence et de divergence[1]

1. De la formation théologique à la formation missiologique

Le terme « éducation théologique » peut être interprété de différentes manières[2]. Il pourrait désigner « l'éducation chrétienne », c'est-à-dire la formation de l'identité et du caractère religieux au sein de la communauté chrétienne. Il pourrait également s'agir de « la formation des laïcs », en vue d'aider le corps non ecclésiastique pour le ministère de l'Église. Il pourrait également concerner la « formation ministérielle », c'est-à-dire la formation spécialisée pour ceux qui entrent dans les ministères professionnels (pastoraux) de l'Église. Réalisée dans le contexte africain, cette étude se concentre sur la « formation ministérielle », un enseignement qui vise la formation des ministres de l'Église à travers des écoles ou des facultés de théologie. Comme l'observe Amanze, il existe en Afrique des institutions théologiques pour répondre au besoin de ministres d'Église bien formés[3]. La majorité des diplômés de ces institutions exercent leur ministère à temps plein ou à temps partiel dans leurs Églises. Cependant,

---

1. Extrait, traduit et adapté de Lygunda li-M Fohle, *Transforming Missiology: An Alternative Approach for Missiological Education*, Carlisle, UK, Langham, 2018, p. 113-128.
2. Ian S. Markham, « Theological Education in the 21st Century », *Anglican Theological Review* 92 (1), Maryknoll, NY, Orbis Books, 2012. p. 158 ; Daryl Balia et Kirsteen Kim, sous dir., *Edinburgh 2010: Witnessing to Christ Today*, Oxford, Regnum Books, 2010. p. 151.
3. James N. Amanze, « Paradigm Shift in theological Education in Southern and Central Africa and Its Relevance to Ministerial Formation », *International Review of Mission* 98 (1), 2009, p. 122.

l'enseignement théologique est vital, non seulement pour les Églises dans le contexte africain, mais aussi pour l'avenir du christianisme mondial[4].

La nature de l'enseignement théologique n'est pas monomorphe, mais prend différentes formes. Si certaines institutions théologiques sont des séminaires (facultés de théologie) affiliés à une confession, d'autres sont des écoles de théologie non affiliées, d'autres encore sont rattachées à des universités affiliées à une ou à des Églises, ou non affiliées, soit sous la faculté de théologie, soit par le biais du département d'études religieuses. Quelle que soit la forme qu'elle prend, la formation théologique suscite de nombreuses questions. Par exemple, en faisant la recension de *Handbook of Theological Education in World Christianity*, Oxley[5] met en évidence certaines préoccupations cruciales qui sont pertinentes pour cette étude sur la formation missiologique et qui peuvent être mises en parallèle avec les six caractéristiques mentionnées par Edgar[6] :

- *Les personnes* : à qui s'adresse la formation théologique ? À tous ou à ceux qui sont choisis pour remplir des fonctions particulières dans la vie de l'Église ?
- *Le contenu* : qu'apprenons-nous ? Une tradition, des compétences, des attitudes, des relations ?
- *L'objectif* : quand avons-nous besoin d'une formation théologique ? Avant d'exercer notre ministère ou notre formation de disciple, ou pendant que nous exerçons le ministère ?
- *Le contexte* : où se trouve le principal lieu d'apprentissage théologique ? À l'académie, le lieu où nous vivons notre foi, dans l'Église ou la communauté ?
- *La méthode* : comment apprenons-nous la théologie ? Par une étude académique traditionnelle ou par la pratique religieuse ?
- *L'éthos* : pourquoi apprenons-nous la théologie ? En équipant les gens pour les ministères et institutions existants de l'Église ou en transformant les gens pour que l'Église soit transformée ?

---

4. Dietrich Werner et al., *Handbook of Theological Education in World Christianity: Theological Perspectives, Regional Surveys, Ecumenical Trends*, Eugene, OR, Wipf & Stock, 2010, p. xxv.
5. Simon J. Oxley, « Review of the Handbook of Theological Education in World Christianity: Theological Perspectives, Ecumenical Trends, Regional Surveys », *The Ecumenical Review* 62 (4), 2010, p. 432.
6. Brian Edgar, « The Theology of Theological Education », *Evangelical Review of Theology* 29 (3), 2005, p. 215.

- *L'œcuménisme* : qu'est-ce qui rend la formation théologique œcuménique ? La variété des étudiants et des professeurs, ou le contenu et le style du programme d'études ?

Une question importante que Oxley n'a pas soulevée, bien plus cruciale même pour cette étude, est de savoir si la formation théologique est ou non une garantie pour un ministère fructueux. En fait, certaines études ont montré que « plus la formation théologique est bonne, moins la direction de la congrégation est efficace[7] ». Les études et l'expérience ont prouvé que certaines congrégations gérées par des diplômés d'établissements de formation très appréciés ne lançaient pas de ministères efficaces et fructueux[8]. La préoccupation demeure quant à savoir si la formation missiologique est une garantie pour l'engagement missionnaire des diplômés (finalistes) et de leurs Églises.

En général, comme déjà indiqué ci-dessus, la missiologie (ou les études missionnaires) a toujours été dispensée dans le contexte et par le biais de la formation théologique. Lors de la Conférence mondiale des missions d'Édimbourg de 1910, deux des huit commissions ont traité respectivement de l'éducation en relation avec la christianisation de la vie nationale (Commission III) et la préparation des missionnaires (Commission V). La conclusion était que « la formation théologique est un élément indispensable de toute mission chrétienne, passée et future[9] ». Le livre de Gairdner, rédigé en décembre de la même année, sur la Conférence d'Édimbourg 1910, fournit un compte rendu détaillé et une interprétation claire de l'ensemble de la conférence. En présentant son compte rendu sur la Commission V, Gairdner esquisse un résumé de la discussion des journées précédentes et souligne l'importance « des hommes envoyés (les missionnaires) et de l'Église qui envoie (les Églises d'origine des missionnaires) » :

---

7. Ian S. Markham, « Theological Education in the 21st Century », art. cit., p. 157.
8. René C. Padilla, sous dir., *New Alternatives in Theological Education*, Oxford, Regnum, 1988 ; Donald E. Messer, *Calling Church and Seminary into the 21st Century*, Nashville, Abingdon, 1995 ; Allan G. Harkness, « De-Schooling the Theological Seminary : An Appropriate Paradigm for Effective Ministerial Formation », *Teaching Theology and Religion* 4 (4), 2001 ; Marilyn Naidoo, sous dir., *Between the Real and the Ideal : Ministerial Formation in South African Churches*, Pretoria, UNISA Press, 2012.
9. Dietrich Werner, « Theological Education in the Changing Context of World Christianity: An Unfinished Agenda », *International Bulletin of Missionary Research* 35 (2), p. 92.

Si telle est la tâche qui incombe à l'Église ; si l'évangélisation du monde entier, la christianisation des nations par un évangile présenté dans sa plénitude et son universalité, par une éducation aussi profonde que l'esprit et aussi large que la vie, par des Églises-locales issues des missions élevées à la mesure de la stature de la plénitude du Christ : si telle est la tâche qui incombe à l'Église, alors quelle doit être la nature des hommes qui sont envoyés pour y mettre la main, et quelle doit être la nature de l'Église qui les envoie[10] ?

La Conférence d'Édimbourg de 1910 a souligné l'importance de la préparation des missionnaires (envoyés ou à envoyer) et la nature de l'Église qui les envoie en tant qu'acteurs stratégiques pour l'accomplissement de sa mission. La manière dont l'Église est dirigée et dont elle agit en termes d'engagement missionnaire devient très critique. En d'autres termes, la formation théologique et la préparation missionnaire sont perçues comme des ingrédients clés de l'engagement missionnaire de l'Église. Une telle réaction découle de l'observation que la préparation missionnaire n'est généralement pas considérée comme faisant partie du programme d'études théologiques. Dans de nombreux cas, il s'agirait d'une formation distincte, en dehors du corpus théologique formel.

Un siècle plus tard, lors de la Conférence d'Édimbourg 2010, l'une des huit commissions s'est penchée sur « l'éducation et la formation théologiques ». Sur les sept questions posées à cette commission, seules deux ne concernaient pas directement l'engagement missionnaire de l'Église. La première question rappelait la préoccupation de la Conférence d'Édimbourg 1910 : « Comment chaque membre du peuple de Dieu peut-il être motivé et habilité pour la mission ? » Une autre question avait une double formulation : « Comment l'étude de la missiologie peut-elle devenir une partie intégrante du programme d'études théologiques ? Comment intégrer les perspectives missionnaires dans toutes les disciplines théologiques[11] ? » Le rapport indique qu'étant donné que l'interdépendance entre l'Église, la mission chrétienne et l'enseignement théologique a été mise en évidence dans de nombreuses publications au XXᵉ siècle, sa mise en œuvre concrète reste une tâche constante pour toutes les

---

10. William Harry T. Gairdner, *Edinburgh 1910: An Account and Interpretation of the World Missionary Conference*, Édimbourg, Oliphant, Anderson & Ferrier, 1910, p. 215.
11. Daryl Balia et Kirsteen Kim, *Edinburgh 2010*, p. 266.

Églises et les institutions théologiques[12]. L'une des recommandations a été de créer un groupe de travail au sein de l'Association internationale d'études missionnaires, pour explorer des stratégies communes et une action conjointe, concernant l'enseignement théologique pour la mission de l'Église.

Lors du Cape Town 2010, le troisième congrès du Mouvement de Lausanne, les évangéliques ont sonné la même cloche en appelant à l'action par le biais d'un partenariat au sein du corps du Christ. La section par laquelle l'appel a été motivé avait pour titre « Formation théologique et mission ». Pour les participants, la formation théologique fait partie de la mission au-delà de l'évangélisation. Par conséquent, le mandat de la formation théologique est de renforcer et d'accompagner la mission de l'Église. Par la suite, le partenariat exige que, d'une part, les responsables de l'Église et des agences missionnaires reconnaissent la nature missionnaire de la formation théologique et que, d'autre part, les éducateurs théologiques veillent à ce que les activités universitaires servent la mission de l'Église dans le monde. L'engagement se conclut par un appel fort aux institutions théologiques pour qu'elles procèdent à un « audit de la mission » de leurs programmes, de leurs structures et de leur éthique, afin de s'assurer qu'ils répondent réellement aux besoins et aux possibilités de l'Église en tenant compte du contexte[13].

Malgré cette résonance des deux ailes – œcuménique et évangélique – il y a toujours des divergences dans leur orientation et approche. Alors que la préoccupation du document œcuménique d'Édimbourg 2010 était intitulée « Éducation et formation théologique », le document évangélique a qualifié la préoccupation du Cape Town 2010 plus précisément de « Formation théologique et mission ». Par conséquent, bien que la préoccupation concernant la relation entre la théologie et la mission puisse s'appliquer aux deux parties, l'objectif ultime de la formation théologique peut ne pas être le même. Il s'agit soit de « formation », soit de « mission ». Un panel des deux parties pourrait apporter plus de lumière sur la relation entre ces deux concepts clés.

---

12. Dietrich Werner, « Theological Education and Formation », dans Kirsteen Kim et Andrew Anderson, sous dir., *Edinburgh 2010: Mission Today and Tomorrow*, Oxford, Regnum, 2011, p. 159.
13. Cape Town Commitment 2010: *The third Lausanne Congress on World Evangelization*, https://www.lausanne.org/gatherings/congress/cape-town-2010-3, consulté le 12 avril 2014.

Comme déjà dit, la théologie et la missiologie sont en corrélation. Par conséquent, la missiologie ne doit pas être considérée comme une branche non théologique, même si elle peut être gérée comme un département ou une faculté indépendante (école, institut ou centre). Cependant, selon le lieu, la tradition ou la philosophie de chaque établissement de formation, la missiologie a été entreprise, non sans raison, sous des noms différents. Ces noms comprennent « programme d'études missionnaires », « œcuménisme, science de la mission et études religieuses », « école des missions mondiales », « études interculturelles » et « christianisme mondial ». Comme l'a fait remarquer Verkuyl, le choix d'un nom pour une discipline est crucial, parce qu'il montre ce que l'on perçoit comme la caractéristique la plus distinctive de son domaine d'étude[14]. Les différents noms attribués à la discipline de la missiologie reflètent, sans aucun doute, les croyances et la philosophie qui sous-tendent et conditionnent le processus d'apprentissage et de formation au sein de chaque institution concernée. Bien qu'ils représentent un échantillon très limité, ces modèles contiennent des éléments majeurs de tout le spectre de la formation missiologique au niveau tertiaire.

2. Études de mission

Alors que certains auteurs perçoivent la mission comme « tout ce qui est fait par l'Église et par les chrétiens pour servir Dieu[15] », d'autres la comprennent à travers cinq tâches générales concernant des préoccupations économiques, sociales, religieuses, politiques et juridiques[16]. L'appellation « Études missionnaires » ou « Études de mission » (Mission Studies) est alors un nom générique et commun pour désigner la formation à la mission chrétienne. Lorsque Gustave Warneck, l'un des précurseurs, s'est battu pour un programme de formation qui pourrait se concentrer sur le travail de l'Église dans le monde entier, l'idée générale était d'offrir des études sur la science de la mission afin d'atteindre le monde avec l'Évangile[17]. Il plaça la théologie de la mission au cœur des

---

14. Johannes Verkuyl, *Contemporary Missiology: An Introduction*, Grand Rapids, Eerdmans, 1978, p. 1.
15. Donald K. McKim, *Westminster Dictionary of Theological Terms*, Louisville, KY, Westminster John Knox, 1996, p. 175.
16. Sinclair B. Ferguson et David F. Wright, *New Dictionary of Theology*, Leicester, UK, Inter-Varsity Press, 1998, p. 435.
17. Richard V. Pierard, « Gustav Adolf Warneck », dans Walter A. Elwell, sous dir.,

disciplines théologiques classiques[18]. En dépit de la connotation qu'une telle formation pouvait avoir, comme nous l'avons vu dans le chapitre précédent, il s'agissait de préparer des ouvriers qui traverseraient les frontières géographiques pour prêcher l'Évangile et sauver des âmes.

Dans le même ordre d'idées, les « études missionnaires » servent de label à certaines institutions universitaires actuelles. Le Centre d'Oxford pour les études missionnaires (OCMS), basé à Oxford, en Angleterre, en est un exemple. Engagé à former des universitaires et des praticiens de la mission pour devenir une ressource clé pour l'Église, dans la mission, dans des contextes contemporains complexes et divers, le Centre existe pour « équiper les dirigeants, les universitaires et les institutions pour apporter la mission holistique efficacement et intelligemment aux nations[19] ». Son programme de diplômes de recherche comprend deux étapes, à savoir l'étape pré-universitaire OCMS et l'étape universitaire. La première étape, celle de OCMS, s'étend de l'admission à OCMS jusqu'à l'inscription à l'université de Middlesex, à Londres, pour un diplôme de recherche. Cette première étape est une période d'initiation à la recherche sur les études de mission, dans le but d'aider les étudiants à identifier des domaines d'études et se préparer à l'inscription à l'université. La deuxième étape, celle dite universitaire, permet aux candidats de poursuivre, de finaliser et de défendre leurs projets de recherche à travers l'université de Middlesex. Si la plupart des candidats rejoignent OCMS en tant que « étudiants formels » (pour des études diplômantes sur la mission holistique), d'autres étudient en tant que « associés de recherche » (pour des recherches indépendantes sur certains aspects de la mission holistique). OCMS vise alors à développer des institutions de formation de troisième cycle pour les candidats de l'hémisphère Sud dans une perspective évangélique. Ses programmes permettent aux étudiants de rester actifs dans leurs ministères tout au long de leurs études, afin de s'assurer que leurs recherches soient culturellement pertinentes et contextuelles.

OCMS organise des conférences et publie la revue *Transformation: An International Journal of Holistic Mission*, ainsi que des versions

---

Evangelical Dictionary of Theology, Grand Rapids, Baker, 1984. p. 1157 ; Verkuyl, *Contemporary Missiology*, p. 1.

18. John Mark Terry *et al*, sous dir., *Missiology: An Introduction to the Foundations, History, and Strategies of World Missions*, Kansas City, B & H, 1998, p. 3.

19. Voir le site web de l'OCMS : https://www.ocms.ac.uk/.

imprimées de Regnum Books, afin de promouvoir la théologie et la stratégie de la mission dans les Églises du monde majoritaire en pleine expansion. Ce faisant, le Centre espère donner une voix à ceux de l'hémisphère Sud et faire entendre cette voix dans d'autres parties du monde en développement. Par exemple, par le biais de sa maison d'édition Regnum International, le Centre a lancé et coordonné la collection « Edinburgh Centenary Series », qui comporte vingt-huit volumes[20]. Selon les éditeurs, ces publications ont été lancées pour refléter l'éthique d'Édimbourg 2010 et apporter une contribution significative aux études en cours sur la mission. Le Centre espère donc encourager la conversation entre les chrétiens de différentes traditions et la collaboration dans la mission.

L'université d'Uppsala, en Suède, peut être citée ici comme un autre exemple. La formation missiologique est offerte sous le nom « Studies in Church and Mission » (Études sur l'Église et la mission), afin de préparer ceux qui envisagent de devenir prêtres, pasteurs, enseignants ou ceux qui veulent faire carrière dans le secteur culturel[21]. Les étudiants se concentrent sur l'étude de l'Église chrétienne sous ses différentes formes confessionnelles à différentes époques et dans différents contextes, dans le triple cadre de l'histoire de l'Église, de l'ecclésiologie et des études missionnaires. Ils s'intéressent également à l'influence réciproque entre l'Église et la société, en mettant l'accent sur les forces motrices du développement des identités confessionnelles et sur le mouvement œcuménique. Ce programme de Master classique (qui n'est pas simplement basé sur la recherche) communique les valeurs d'une plus grande unité entre les groupes chrétiens, et comme on peut s'en rendre compte, l'accent est mis sur la réflexion critique et spéculative. Les étudiants analysent l'Église en tant que mouvement en expansion dans le temps présent comme dans le passé et ses rencontres avec les cultures, les systèmes politiques, et les différentes religions. L'accent est mis sur le dialogue interreligieux et les interprétations non européennes de la foi chrétienne.

---

20. Les contributeurs à ces 28 volumes ont été recrutés parmi les universitaires du monde entier représentant les œcuméniques, les évangéliques, les catholiques romains, les orthodoxes et les pentecôtistes.
21. Voir le site web de l'université d'Uppsala : https://www.uu.se/en.

3. Œcuménisme, mission et études religieuses

L'université de Hambourg, basée en Allemagne, est mentionnée ici parce que l'un des deux pionniers des études missionnaires en RDC, à savoir Mushila Nyamankak, y a fait ses études doctorales liées au Nouveau Testament en 1983. Une fois rentré chez lui, il a tenté de créer un nouveau département dénommé « Œcuménisme, science de la mission et études religieuses » au sein de l'Université protestante du Congo, mais le projet n'a été accepté qu'en 1997, lorsque le Conseil d'administration autorisa la création d'un nouveau département sous le nom susmentionné. Il lui a fallu quatorze ans ! L'Académie de mission de l'université de Hambourg fut créée dans les années 1950 comme un lieu de formation théologique des candidats missionnaires[22]. Cependant, en raison de changement du contexte mondial dans les années 1960, sa fonction changea également et l'Académie devint une institution théologique offrant une formation théologique dans une perspective mondiale. Aujourd'hui, elle contribue au développement de l'éducation interculturelle dans le domaine de la théologie protestante, en aidant des étudiants d'Afrique, d'Amérique latine, d'Asie et d'Océanie à travailler dans le cadre de leurs projets de recherche doctorale. En outre, l'Académie de mission est également un lieu où se déroulent des conférences internationales, espérant être un laboratoire de théologie œcuménique où sont abordés des sujets pertinents pour le monde protestant. Les domaines d'intérêt de recherches et de conférences comprennent la dynamique des mouvements charismatiques et évangéliques dans des perspectives mondiales et locales, la mondialisation, les questions de justice et de paix. Tous les candidats admis sont tenus de résider dans les locaux mis à leur disposition par l'Académie, afin de partager la vie de la communauté de l'Académie et d'assister à toutes les conférences et tous les cours requis.

L'Académie accorde des bourses aux étudiants en théologie non occidentale, qui préparent un projet de recherche doctorale en théologie protestante à l'université de Hambourg, à condition que le sujet proposé soit accepté par un professeur de la faculté de théologie protestante. Outre les exigences de maîtrise d'une des langues classiques (hébreu, grec et latin) et de l'allemand, le programme d'études comprend deux phases. La première phase de deux ans est consacrée à la maîtrise de la langue allemande et se termine par la présentation d'un projet de recherche. La

---

22. Voir le site web de l'université de Hambourg : https://www.uni-hamburg.de/en.html.

deuxième phase de deux ans supplémentaires est consacrée à la rédaction d'une thèse complète en allemand ou en anglais, sous la direction d'un directeur de thèse. Une fois accepté, la thèse est publiée dans la série « Studies in Intercultural Theology at the Mission Academy » (SITMA).

À l'université de Lund, en Suède, les facultés de sciences humaines et de théologie offrent une formation missiologique par l'intermédiaire du Centre de théologie et d'études religieuses, sous le nom « Church and Mission Studies[23] ». Le programme est enseigné au premier (licence) et au deuxième (master) cycles. Les étudiants sont tenus de suivre plusieurs cours du programme théologique traditionnel, notamment « Missiologie et œcuménisme ».

L'Institut œcuménique de Bossey, en Suisse, est un autre exemple dans cette catégorie. Fondé en 1946, cet institut est décrit comme un centre international de rencontre, de dialogue et de formation du Conseil Œcuménique des Églises (COE). Il rassemble des personnes de diverses Églises, cultures et milieux pour l'apprentissage œcuménique, les études universitaires et les échanges personnels[24]. Il est spécialisé dans la théologie œcuménique, la missiologie et l'éthique sociale. Le personnel enseignant est issu de divers milieux théologiques, culturels et confessionnels. L'institut et ses diplômes sont reconnus par l'Université de Genève. Ils comprennent un Master of Advanced Studies in Ecumenical Studies (MAS en études œcuméniques) d'un an, un doctorat en théologie (avec mention en études œcuméniques) de cinq ans, effectué conjointement avec la Faculté autonome de théologie protestante de l'Université de Genève.

4. L'École de la mission mondiale

Le concept de « mission mondiale » (School of World Mission) a toujours été compris comme « les efforts des Églises, groupes et individus chrétiens pour proclamer l'évangile chrétien dans le monde entier[25] ». La dénomination « école de la mission mondiale » doit être comprise dans ce sens. C'est l'innovation du Fuller Theological Seminary, fondé aux

---

23. Voir le site web de l'université de Lund : https://www.lunduniversity.lu.se.
24. Voir le site web de l'Institut œcuménique de Bossey : https://www.oikoumene.org/fr/ what-we-do/the-ecumenical-institute-bossey.
25. Donald K. McKim, *Westminster Dictionary of Theological Terms*, p. 306.

États-Unis en 1947. Selon Ralph Winter, l'École de la mission mondiale était une « correction de mi-parcours » pour revenir à l'idée initiale que le fondateur Charles Fuller avait de créer une école d'évangélisation[26]. La vision initiale de Fuller était de former des évangélistes et des missionnaires pour répandre la foi[27]. Il est important de mentionner que l'École de la mission mondiale a été fondée au sein de Fuller en 1965, à une époque où un nombre croissant de ministères mondiaux étaient établis dans le monde entier et que le mouvement avait besoin de travailleurs bien formés[28]. Sur la base de cette prémisse, les objectifs suivants de l'École de la mission mondiale ont été conçus[29] :

- préparer les étudiants à accomplir l'ordre missionnaire de Jésus-Christ au milieu des changements propres à notre époque ;
- fournir une théologie des missions à tous les étudiants de la faculté qui visent le ministère pastoral ;
- amener des ressortissants chrétiens à l'école en tant qu'étudiants et enseignants afin d'offrir des possibilités d'échanges mutuels ;
- développer une équipe de spécialistes de la recherche pour étudier et promouvoir un centre de réflexion et d'information sur la mission mondiale.

La croissance de l'Église était le concept-clé de cette école. Même le US Center for World Mission, que Ralph Winter a fondé en 1976 après avoir quitté Fuller School of World Mission, s'alignait sur la même vision de la préparation des étudiants à l'évangélisation et à la mission dans le monde entier. Cette vision, d'une portée mondiale, était le leit-motiv de toutes les écoles de théologie basées aux États-Unis et de leurs établissements partenaires à l'étranger portant le nom de « School of World Mission » ou « Center for World Mission ». Cette orientation était surtout courante au sein de la mouvance dite évangélique. En gros, les enseignants de l'École de la mission mondiale de Fuller ont grandement contribué à la mise en place du programme du Congrès de Lausanne en 1974 d'une manière particulière[30]. En 2003, Fuller a changé le nom de

---

26. Cité dans Greg Parsons, « History and Impact of the Fuller School of World Mission », dans Beth Snodderly et A. Scott Moreau, sous dir., *Evangelical and Frontier Mission Perspectives on the Global Progress of the Gospel*, Oxford, Regnum, 2011, p. 56.
27. *Ibid.*
28. *Ibid.*, p. 54.
29. *Ibid.*
30. *Ibid.*, p. 63.

cette école de « School of World Mission » en « School of Intercultural Studies ». En novembre 2021, les deux écoles de Fuller (« School of Intercultural Studies » et « School of Theology ») sont devenues une seule école appelée : School of Mission and Theology[31].

5. Études interculturelles

En 2003, « School of Intercultural Studies » (SIS) devint le nouveau nom de l'enseignement de la missiologie aux États-Unis et dans d'autres institutions connexes dans le monde entier. Comme pour « School of World Missions », la SIS trouva sa première place à Fuller Theological Seminary avant d'être reprise dans d'autres écoles liées à l'Association of Theological Schools in North America. Le nom de l'école fut ainsi modifié pour répondre aux préoccupations de nombreux diplômés (finalistes) qui craignaient que, dans un environnement mondial en mutation, l'ancien nom de l'école ne put créer des obstacles à leur travail. Le programme fut conçu pour servir de ressource au mouvement missionnaire chrétien non occidental en pleine expansion, avec la conviction que Dieu appelle « les chrétiens de tous les continents et de toutes les cultures à la tâche de faire connaître et aimer Jésus-Christ dans le monde entier »[32]. Partant du principe que dans chaque situation, l'Église doit être façonnée de manière à utiliser les aspects les plus positifs de la culture, sans forcer les gens à devenir « étrangers » pour devenir des disciples, l'école se proposa de former les étudiants à devenir des « leaders serviteurs qui mobilisent l'Église mondiale pour le dessein de Dieu »[33]. Comme déjà signalé dans la section précédente, Fuller a fusionné ses deux écoles pour former une seule sous l'appelation de « School of Mission and Theology » depuis novembre 2021.

Au Fuller Theological Seminary, la School of Mission and Theology s'efforce de préparer les étudiants de manière holistique à servir un monde dans le besoin, que le champ de mission des étudiants soit un groupe de personnes non atteintes, un quartier urbain ou le marché. Les membres de la faculté sont des missiologues, engagés dans « un programme d'études

---

31. Voir le site web du Fuller Seminary : https://www.fuller.edu/school-of-mission-and-theology/.
32. Fuller Seminary : https://www.fuller.edu/school-of-intercultural-studies/, consulté le 15 avril 2015.
33. *Ibid.*

centré sur l'Évangile et en phase avec les diverses réalités mondiales changeantes »[34]. Les programmes de formation comprennent une maîtrise en études interculturelles, une maîtrise de théologie en missiologie, un doctorat en ministère mondial et un doctorat en missiologie, afin de préparer les étudiants au ministère interculturel, au développement international et à d'autres vocations missionnaires. Les cours portent sur les fondements théologiques, historiques et bibliques de la foi chrétienne. Ils comprennent également des études dans les domaines de la théorie du ministère interculturel, de l'évangélisation, de la croissance de l'Église, des religions non chrétiennes, du développement du leadership, de la mondialisation et du développement international. Les méthodes d'enseignement incluent l'apprentissage par l'expérience, les conférences, les lectures et la recherche.

Un doctorat (PhD) en études interculturelles est offert par le Fuller's Center for Missiological Research et donne aux candidats la possibilité de concevoir, de développer et de mener à bien un projet de recherche sous la direction des conseillers membres de la faculté. Les candidats suivent un processus dirigé par un tuteur qui intègre un large éventail de disciplines missiologiques. Les universitaires post-doctoraux de l'Institut de recherche mondiale non chrétiens occidentaux passent six mois à Fuller pour faire des recherches et rédiger des documents, afin de faire avancer la mission intellectuelle et spirituelle de l'Église dans leur propre zone géographique. Par exemple, Dr N'Kwim Bibi-Bikan, professeur à l'Université protestante au Congo, y a séjourné pour produire son livre sur la missiologie. Les étudiants sont recrutés parmi les missionnaires, les responsables d'organisations missionnaires, les pasteurs d'églises locales, les responsables laïcs de la mission et les faiseurs de tentes professionnels. Grâce à des études interculturelles, les étudiants sont formés pour relever le défi du ministère dans un monde de plus en plus complexe, multiethnique et multinational. Ceux qui étudient le développement international peuvent également occuper des postes dans les domaines de la consolidation de la paix, des droits de l'enfant et du développement transformationnel.

Comme indiqué précédemment, de nombreuses institutions liées à l'Association of Theological Schools (ATS), comme Asbury Theological Seminary et Biola University, offrent une formation missiologique sous le

---

34. *Ibid.*

label « Études interculturelles ». En 2003, Dallas Theological Seminary a organisé un département « missions mondiales et études intercultu- relles » dans le but de « concentrer l'attention de tous les étudiants de la faculté sur le mandat du Christ de faire des disciples parmi toutes les nations[35] ». Une étude comparative pourrait être effectuée pour mettre en évidence les points communs et les divergences qui existeraient entre ces différents programmes, et dans quelle mesure le même esprit, qui a caractérisé les mêmes institutions tout en utilisant « l'École de la mission mondiale », prévaudrait ou non.

6. Christianisme mondial et mission

L'université de Boston (Boston University) est connue pour avoir adopté l'étude du christianisme mondial et la mission (World Christianity and Mission, WCM) comme le nom de son programme d'études mission- naires[36]. L'étude de WCM se fait à travers Boston Theological Institute (BTI)[37] et offre aux étudiants la possibilité d'avoir accès à d'autres insti- tutions. En plus de suivre des cours au sein de la faculté de théologie, les étudiants sont encouragés à suivre des cours dans d'autres départements tels que l'anthropologie, les études religieuses, l'histoire, la théologie et la sociologie. En raison de sa nature interdisciplinaire, les études à WCM peuvent être poursuivies à travers trois différents programmes de doctorat à l'université de Boston, à savoir :

– le doctorat (PhD) en histoire et herméneutique avec une spécialisa- tion en études missionnaires ;
– le doctorat (PhD) en théologie pratique avec une spécialisation en évangélisation et missiologie ;
– le doctorat (PhD) en missiologie offert en conjonction avec Gordon- Conwell Theological Seminary.

---

35. Dallas Theological Seminary, *Catalog* 2003.
36. Site web de la Boston University, School of Theology, Center for Global Christianity & Mission : https://www.bu.edu/cgcm/
37. BTI est une association de dix écoles et facultés de théologie autour de Boston, aux États-Unis. L'inscription dans un établissement permet aux étudiants d'étudier dans tous ces établissements. Selon son site web, le BTI « permet aux professeurs, aux étudiants et au grand public de s'engager dans un dialogue, un apprentissage et une communauté interreligieuse solides », https://bostontheological.org/home.

En outre, la division des études religieuses de troisième cycle propose un doctorat (PhD) en études religieuses qui comprend l'étude du christianisme mondial à travers ses textes et ses traditions. Par conséquent, l'étude du christianisme mondial à l'université de Boston ne se fait pas d'une seule manière. Elle offre aux futurs étudiants trois possibilités.

Selon Dana L. Robert, directrice du Center for Global Christianity and Mission par lequel l'école de théologie offre l'étude du christianisme mondial à l'université de Boston, la raison d'être d'un tel programme est due au nouveau paysage du christianisme. Devenue une foi mondiale avec des croyants répartis sur tous les continents, la chrétienté mondiale exige des études qui soutiennent et comprennent la communauté chrétienne mondiale par la critique, la réflexion, le témoignage fidèle et l'engagement réfléchi avec de multiples cultures (site web). Dana avait déjà déclaré ailleurs que « pour les étudiants internationaux, l'étude de la mission mondiale devient un moyen d'analyser l'histoire de leurs propres formes de christianisme[38] ». Ainsi, la formation missiologique à l'université de Boston met l'accent sur la recherche et l'analyse critique du christianisme mondial, tout en étant seulement dispensée au niveau du doctorat.

À l'université d'Édimbourg, en Écosse, les études sur la mission sont offertes à la School of Divinity (École de théologie) à travers le Centre d'étude du christianisme mondial, qui dispense également des enseignements au niveau master et supervise des travaux de recherche aux niveaux master et doctorat. Toutefois, comme il est recommandé d'avoir un diplôme de niveau master approprié comme condition préalable aux études doctorales, les étudiants en doctorat assistent généralement à certains cours de master au Centre ou dans d'autres domaines de théologie, au début de leurs études. Leurs domaines d'intérêt comprennent l'histoire des missions chrétiennes, les nouveaux mouvements missionnaires du Sud, le pentecôtisme, les questions missiologiques actuelles telles que l'inculturation, l'ethnicité, le genre et les relations interconfessionnelles[39]. Le Centre a été créé par le professeur Andrew Walls, ancien missionnaire en Sierra-Leone et le personnel de base actuel comprend Brian Stanley.

---

38. Dana Robert, « Mission Study at the University-Related Seminary: The Boston University School of Theology as a Case Study », *Missiology: International Review* 17 (2), 1989, p. 200.
39. Voir le site de l'université d'Edimbourg : https://www.ed.ac.uk/divinity/.

Le feu Kwame Bediako du Ghana était l'un des anciens étudiants de ce Centre.

7. Missiologie

Certaines universités gardent le mot « missiologie » (*Missiology*) comme nom de leur département, groupe de recherche ou diplôme[40]. La University of South Africa (UNISA) a un département de spiritualité chrétienne, d'histoire de l'Église et de missiologie qui propose des programmes dans trois domaines de recherche, à savoir la spiritualité chrétienne, l'histoire de l'Église et la missiologie. La missiologie est alors définie comme « l'étude systématique et critique des activités missionnaires (en évolution dans le monde) des Églises et organisations chrétiennes[41] ». La mission est comprise à UNISA comme « la pointe d'une communauté chrétienne, c'est-à-dire ses tentatives de changer le monde par des projets d'évangélisation, de guérison, d'enseignement, de développement ou de libération[42] ». Ce département est bien connu, car il a été initié et présidé par le regretté David Bosch, et grâce à son enseignement à distance, les étudiants viennent de différents pays à l'intérieur, et à l'extérieur du continent. La missiologie à UNISA est principalement un enseignement ouvert et modulaire au niveau du premier cycle (bachelor) comprenant un master structuré, avec un autre master entièrement basé sur la recherche et des programmes de doctorat. Selon le site web de UNISA, ce département existe pour faire ce qui suit :

- offrir des études de qualité qui intègrent la recherche, l'enseignement et la participation dans les communautés ;
- encourager la coopération interdisciplinaire et interreligieuse ;

---

40. La situation est la même à North-West University, Campus de Potchefstroom, Afrique du Sud (www.nwu.ac.za). Toutefois, outre le fait que Fuller (ou toute autre institution) offre des programmes d'études interculturelles, certains de ses diplômes portent le mot « missiologie » (par exemple, le doctorat en missiologie). Redcliffe College en Angleterre offre un Master of Arts in Contemporary Missiology (www.redcliffe. ac.uk). Bien qu'elle utilise la description « Christianisme mondial et mission », Boston University possède également un doctorat en missiologie.
41. Unisa, Discipline of Missiology, https://www.unisa.ac.za/sites/corporate/default/ Colleges/Human-Sciences/Schools,-departments,-centres,-institutes-&-units/ School-of-Humanities/Department-of-Christian-Spirituality,-Church-History-and-Missiology/Discipline-of-Missiology.
42. *Ibid.*

- concevoir l'enseignement de telle sorte que les étudiants puissent s'engager dans leurs communautés ;
- fournir un soutien interactif aux apprenants ;
- encourager la participation aux sociétés disciplinaires en Afrique et dans le monde.

North-West University (NWU), campus de Potchefstroom, en Afrique du Sud, est une autre institution où la formation missiologique se fait sous le nom de « missiologie », avec un diplôme basé sur la recherche aux niveaux master et doctorat (PhD). Au niveau licence (bachelor) du corpus théologique, quelques sujets sur la mission sont enseignés dans le cadre de l'ensemble du programme d'études. Le programme est axé sur « la compréhension et l'ouverture à des personnes d'horizons divers ayant des philosophies de vie différentes et qui ne connaissent pas le Seigneur ou sa Parole, et le développement d'une manière sympathique, apologétique et holistique de répondre à leurs questions, et à leurs points de vue à partir de l'Évangile[43] ». Le programme d'étude a un triple objectif : faire progresser l'approche réformée de la mission holistique, étudier l'Église en mission et l'implantation de nouvelles églises dans différents contextes, et élaborer une apologétique chrétienne à la lumière des tendances mondiales. De la formulation ci-dessus de la nature et de l'objectif du programme d'études, on peut facilement remarquer l'orientation évangélique de l'enseignement missiologique à North-West University où nous avons fait nos études doctorales.

8. Synthèse et conclusion

Ces quelques études de cas indiquent que certains éducateurs théologiques et missiologiques sont conscients de la nécessité d'éduquer l'Église pour sa mission, et proposent diverses solutions pour combler le vide. Les témoignages ci-dessus donnent une idée de la diversité de la formation missiologique offerte dans le contexte actuel de l'enseignement théologique. Ce survol n'avait pas pour but d'être un examen approfondi et critique des fondements théologiques, et philosophiques du contenu des programmes d'études, et des résultats de ces programmes. En examinant les données disponibles, principalement par le biais de

---

43. NWU, Missiology department, https://theology.nwu.ac.za/christian-ministry-and-leadership/missiology.

recherches sur Internet concernant la nature, l'objectif, les activités et les résultats d'apprentissage attendus, il est possible de tirer quelques conclusions générales.

Alors que certains modèles de formation missiologique incluent des stratégies d'enseignement et d'apprentissage tout à fait formelles (basées sur le programme d'études), non formelles (par le biais de séminaires, de conférences, de discussions) et informelles (par la vie en communauté et en communauté, le mentorat, la responsabilité), d'autres ne mettent l'accent que sur une ou deux de ces stratégies. Pendant que certains développent un programme explicite (avec des sujets d'études et des résultats attendus définis de manière académique), d'autres se caractérisent par un programme implicite (utilisant principalement des activités non formelles et informelles). Quand certains utilisent des programmes enseignés, d'autres se concentrent sur des programmes de recherche et d'autres encore utilisent des programmes en ligne ou à distance. Certains combinent deux de ces modes de prestation, les programmes d'enseignement et de recherche, ou les programmes en ligne et de recherche.

Certains modèles admettent les étudiants pour des programmes d'études à temps plein, d'autres organisent l'apprentissage selon un mode à temps partiel. Quand certains mettent l'accent sur des activités rigoureusement théoriques et scientifiques, d'autres accentuent la préparation, la réflexion et la pratique de la mission sur le terrain, d'autres encore tentent de combiner les deux approches. Alors que certains interprètent la missiologie comme l'évolution actuelle du christianisme mondial et du dialogue interreligieux, d'autres la considèrent comme un moyen d'enseigner des sujets liés à la mission ainsi que des méthodes de mission.

Quand certains préparent les étudiants aux niveaux du premier, deuxième et troisième cycle, d'autres se concentrent uniquement sur le niveau doctoral. Pendant que certains envisagent la mission dans une perspective holistique de libération de tous les êtres humains, d'autres mettent l'accent sur la priorité de la prédication de l'Évangile pour sauver les âmes ; d'autres encore combinent les deux aspects, car ils accordent de l'importance à l'un et l'autre. Alors que certains conçoivent leurs programmes spécifiquement pour les universitaires de l'hémisphère Sud et les dirigeants d'Églises, d'autres les conçoivent de manière non désignée, permettant ainsi aux candidats de n'importe quelle partie du monde de suivre leurs études.

En dépit de ces variations, la caractéristique générale est que ces programmes missiologiques sont dispensés directement ou progressivement dans et par le biais d'institutions théologiques accréditées, affiliées ou non. Toutefois, si certains de ces programmes ont été lancés en tant qu'appendices (ou organisme externe) aux institutions théologiques existantes, d'autres émanent directement d'une institution théologique donnée. Pour aider à mettre en évidence certains aspects négligés par ce survol[44], une analyse approfondie pourrait prendre en compte les six caractéristiques d'Edgar évoquées plus haut, ainsi que les typologies de l'enseignement théologique et les philosophies de l'éducation qui en découlent[45].

N'est-il pas vrai que beaucoup de ces modèles de formation missiologique sont transplantés en Afrique en général, et en Afrique francophone en particulier ? Devant une telle panoplie de modèles, la formation théologique en général et celle de missiologie en particulier, ne subirait-elle pas les conséquences découlant soit des convictions doctrinales, soit du coût financier, soit du jugement des valeurs basé sur le système éducatif ou l'organisation à l'origine du modèle adopté ? Une telle situation ne conduirait-elle pas à un degré très prononcé de malentendu parmi les missiologues de l'Afrique francophone appartenant à tel ou tel autre groupe ou modèle ? Le prochain chapitre tentera d'élucider et de discuter ces préoccupations.

---

44. Ulrich Dehn et Dietrich Werner, « Protestant Theological Education in Germany and the Role of Religious Studies, Missiology and Ecumenics », dans D. Werner, D. Esterline, N. Kang et J. Raja, sous dir., *Handbook of Theological Education in World Christianity: Theological Perspectives, Regional Surveys, Ecumenical Trends,* Eugene, OR, Wipf & Stock, 2010, p. 583. Comme toute étude scientifique devrait avoir son objet et ses méthodes, ces variantes suggèrent certainement le changement à la fois du contenu de la discipline et de l'approche de la discipline. Par exemple, écrire une histoire du christianisme en Afrique centrale est évidemment une question d'*histoire de l'Église* pour un théologien africain selon la structure théologique en vigueur. Le même travail deviendrait pourtant une question d'*histoire de la mission* pour un théologien européen. Alors que l'analyse des pensées d'un théologien congolais peut être une question de *missiologie* dans un contexte allemand, la même étude serait une question de *théologie systématique* pour un érudit congolais, selon la structure théologique en vigueur.
45. Brian Edgar, « The Theology of Theological Education », art. cit., p. 208-217.

Chapitre 2
Missiologie : histoire, définitions et malentendus avec référence à l'Afrique francophone

1. Introduction

Se référant à l'évolution historique de la missiologie au niveau international, ce chapitre se propose de mettre en exergue quelques défis à relever par les institutions théologiques de l'Afrique francophone en générale et celles de la République démocratique du Congo en particulier, quant à la conception de la missiologie en tant que discipline du corpus théologique, quant à la nature et aux objectifs de la formation missiologique du niveau universitaire, et quant au discours missiologique tel qu'il se distingue de ceux d'autres disciplines théologiques. Il s'agit d'indiquer les enjeux qui se rattachent à la promotion de la missiologie en tant qu'une des disciplines scientifiques d'obédience théologique et de suggérer quelques pistes d'investigation pour les recherches ultérieures. Référence est spécialement faite ici à la missiologie protestante.

Aussi importe-t-il, d'abord, de clarifier le sujet et ses concepts-clés. Hormis cette introduction qui sera suivie d'un interlude portant sur le statut de la RD Congo comme étant le berceau de la missiologie protestante en Afrique francophone, quatre concepts forment l'ossature de cette réflexion : missiologie, discipline en transformation, discipline de transformation, et défi(s) aux institutions de formation théologique.

La missiologie constitue le maillon essentiel de cette réflexion et la teneur de sa définition sera élucidée en deux temps ; d'une part, relativement à l'état d'une discipline en transformation, puis en tenant compte du fait qu'il s'agit aussi d'une discipline *de* transformation, d'autre part.

Par discipline en transformation, l'emphase est mise sur l'aspect dynamique de la missiologie, du fait qu'elle a souvent subi une évolution aussi bien dans le temps que dans sa conceptualisation. La missiologie aura donc été comprise de diverses manières selon une période ou une école théologique (œcuménique ou évangélique) données. Notre tâche ici sera triple : formuler une définition de missiologie, clarifier la raison d'être de la missiologie selon les deux mouvances œcuménique et évangélique, et mettre en exergue le défi relatif aux institutions théologiques.

En abordant la missiologie comme une discipline de transformation, la tâche sera de discuter la raison d'être des études missiologiques. S'agit-il d'un exercice académique stérile ou plutôt d'une activité scientifique conduisant au changement dans la vie des parties prenantes (enseignants, étudiants ainsi que leurs Églises) ? Ici aussi, trois actions seront entreprises : revisiter la définition de missiologie, aborder la problématique des ententes liées aux études missiologiques, et disséquer le défi tel qu'il s'impose aux institutions théologiques.

Enfin, un répertoire de défis significatifs résultant de nos constats servira de conclusion à cette réflexion. Ces défis seront articulés sous la forme de recommandations soumises à la méditation des autorités administratives et académiques des institutions de formation théologique, des responsables et autres acteurs des facultés organisant le département de missiologie, des étudiants et autres chercheurs ayant choisi la missiologie comme leur domaine de prédilection.

2. Problématique et intérêt du sujet

L'idée d'initier cette réflexion est partie d'un constat selon lequel la missiologie est une discipline nouvelle encore en gestation et souvent mal comprise dans presque tout l'espace francophone africain. Il en est de même en RD Congo qui, en toute vraisemblance, est à considérer comme le berceau de la missiologie protestante contemporaine en Afrique francophone. Cela est d'autant plus vrai que, du point de vue historique, c'est en RD Congo que les études missiologiques furent organisées pour la première fois en faculté et en département au niveau universitaire.

Bien qu'à des périodes différentes, mais en sorte de coïncidence, la discipline missiologique fut initiée par deux personnalités scientifiques, enseignants d'universités, provenant de la même province du Bandundu, en RD Congo : Dr Nzash U Lumeya (en 1990, à travers son Centre universitaire de missiologie basé à Kinshasa) et professeur Mushila Nyamankank (en 1997, à travers l'Université protestante au Congo [UPC] basée également à Kinshasa). Il convient également de noter que Dr Nzash fut membre du Conseil d'administration de l'UPC, pendant la période de la création du département de sciences de mission au sein de cette université. Il faut aussi relever que la missiologie y a vu le jour à la fois dans son approche œcuménique (cas du professeur Mushila avec son département des sciences de mission, œcuménisme et sciences de religion) et dans celle dite évangélique (cas du Dr Nzash avec son Centre universitaire de missiologie).

Dans les deux cas, la théologie biblique (Ancien et Nouveau Testaments) a été mise au service de la missiologie. Nzash U Lumeya a produit sa thèse doctorale en Ancien Testament au Fuller Theological Seminary aux États-Unis et, avant de créer le Centre universitaire de missiologie à Kinshasa, il presta d'abord à la Faculté de théologie évangélique de Bangui (FATEB), en République centrafricaine, où il initia un institut missiologique de niveau non-universitaire. D'après certaines sources, ce fut après l'échec de sa tentative d'initier le programme de missiologie au sein de l'UPC, qu'il décida de créer une institution autonome de formation missiologique en 1990. Sa reconnaissance officielle par le gouvernement congolais intervint cinq ans plus tard en 1995. De son côté, Mushila a écrit sa thèse doctorale en Nouveau Testament, à l'université de Hambourg en Allemagne. À son retour au pays en 1983, il intégra l'UPC. Motivé par le fait que seule l'université de Hambourg organisait un département dénommé « Science de mission, Œcuménisme et Sciences de religion » dans toute l'Allemagne à cette époque, il entreprit aussitôt de l'initier au sein de l'UPC. Cette initiative ne fut acceptée que quatorze ans plus tard, en juillet 1997 lorsque le Conseil d'administration de l'UPC autorisa la création du département des Sciences de mission[1].

En considérant ces deux expériences de 1990 et de 1997, il devient ainsi évident qu'aucune autre institution théologique en Afrique francophone n'avait pris l'initiative d'organiser une faculté (cas de Nzash) ou un département (cas de Mushila) en son sein, avant ceux initiés en RD Congo. Ni la faculté de théologie protestante (de Yaoundé), ni celle

---

1. Université protestante au Congo, *PV Conseil d'Administration*, juillet 1997, p. 9.

de théologie évangélique (de Bangui) n'a pu organiser la missiologie en termes de faculté ou de département comme en RD Congo. Quand bien même le cours de missiologie serait introduit à la Faculté de théologie évangélique de Bangui (FATEB) un peu avant les années 1990, un programme structuré en missiologie ne verrait le jour qu'en 2003. À la faculté de théologie de l'Université protestante de l'Afrique centrale (UPAC, Yaoundé), c'est à partir de 2010 que les enseignements sur la missiologie ont commencé comme une des options de la théologie pratique, mais cette option n'est pas vraiment attirante. En 1994, la Faculté de théologie des Assemblées de Dieu (FATAD) basée au Togo commence à organiser des programmes de missiologie en anglais et plus tard vers les années 2000, en français. Au Mali, l'Association pour la promotion de la formation théologique crée la Faculté de théologie et de missiologie évangélique au Sahel (FATMES) en 2002. À partir de 2008, la Faculté de théologie évangélique du Cameroun (FACTEC) met en place des programmes de missiologie. Au Burundi, le département de missiologie voit le jour au sein de International Leadership University en 2012 où tous les cours sont offerts en anglais.

En RD Congo, d'autres universités protestantes ont, elles aussi, intégré la missiologie au sein de leurs facultés de théologie, en créant soit un cours intitulé « mission » ou « missiologie », soit un département de missiologie ou des sciences de mission. Tel est le cas des institutions suivantes : Université méthodiste de Katanga, Université Shalom de Bunia, Université de l'Alliance au Congo, Université protestante au Cœur du Congo, Université Évangélique en Afrique, Université protestante de l'Équateur, et Université libre des Pays des Grands Lacs.

Cependant, bien qu'il soit évident que la RD Congo ait servi de berceau à la missiologie protestante en Afrique francophone, l'impression générale est que ce berceau n'est pas bien entretenu, au risque de descendre dans la tombe. Pour des raisons encore à élucider, la missiologie n'y est pas suffisamment visible, encore moins éloquente. Une plateforme de réflexion missiologique peine à exister. Il n'existe pas d'association ou de revue missiologique, qui sont des endroits indiqués pour les échanges scientifiques tel que c'est souvent le cas dans d'autres disciplines et sous d'autres cieux. Du reste, il y a pénurie de production scientifique (à travers des articles ou ouvrages) émanant des institutions théologiques de la RD Congo. Quelques natifs du pays qui s'intéressent à cette discipline et produisent quelques publications le font à partir d'autres pays, et dans une perspective souvent moins représentative du vrai débat missiologique engagé soit en Afrique francophone, soit à partir de la RD Congo. Ces publications ne sont pas produites sous les auspices des institutions basées en RD Congo, à l'instar de celles existant ailleurs (Southern African Missiological Society, par exemple). Ces ressortissants congolais sont passés par diverses institutions telles que Fuller Theological Seminary (États-Unis), Asbury Theological Seminary (États-Unis), University of South Africa (UNISA), North-West University (NWU), pour ne citer que ces quelques institutions de renommée internationale[2].

C'est en raison de ce hiatus profond entre *existence* et *infertilité* de la missiologie protestante en RD Congo qu'un observateur averti pourra facilement constater une sorte de lacune ou d'incohérence dans la conception même de missiologie, telle qu'elle est perçue et enseignée. Il y a donc besoin d'une recherche approfondie pour faire l'état des lieux de la missiologie protestante dans un tel contexte. En attendant, il importe ici de souligner le fait que la missiologie est une discipline à la fois *en* transformation et *de* transformation. Ces deux aspects semblent faire défaut dans la réalité de la missiologie protestante en RD Congo. D'une part, il y aurait une sorte de *statu quo*, la missiologie ne subissant aucun changement, devenant ainsi une matière figée. Les mêmes cours et les mêmes orientations demeurent tels quels depuis que cette option a été prise. D'autre part, la missiologie passerait pour une discipline infertile, ne conduisant pas à des actions concrètes, après que les étudiants aient

---

2. Le Réseau de missiologie évangélique pour l'Afrique francophone (REMEAF) fondé à Bangui, en République Centrafricaine, en 2007, est la seule association professionnelle qui pourrait combler le fossé. Selon son site web, le REMEAF a été fondé lors d'une consultation tenue à la Faculté de théologie évangélique de Bangui, les 2 et 3 mars 2007, sous la direction du Dr Moussa Bongoyok, alors chef du département de missiologie (https://missiologie.net/afrique/). Parmi les participants à la consultation figuraient notamment Abel Ndjerareou (Tchad), Kwame Bediako (Ghana), Moussa Bongoyok (Cameroun), Philippe Dikoufiona (RCA), Nupanga Weanzana (RDC) et Mossai Sanguma (RDC). Malheureusement, depuis la création du REMEAF, peu de choses ont été faites pour promouvoir la missiologie et l'enseignement de la missiologie dans le contexte de l'Afrique francophone dans son ensemble. Deux ouvrages collectifs ont cependant été publiés par Langham Publishing et le REMEAF : Hannes Wiher, sous dir., *L'Afrique d'aujourd'hui et les Églises. Quels défis ?* collection REMIF, Carlisle, Langham Global Library, 2017 ; Hannes Wiher, sous dir., *Les Églises d'initiative africaine : un laboratoire de contextualisation*, Carlisle, Langham Global Library, 2019.

complété leurs études. Les effets des études en missiologie sont rarement sentis et ressentis.

Les lignes qui suivent mettront en relief le sens des enjeux qui se rattachent à ce constat et au fait que la missiologie devrait être une discipline *en* et *de* transformation.

3. La missiologie : une discipline *en* transformation

Après plus de deux décennies de ministère pastoral commencé en 1989, comprenant les expériences acquises dans le domaine de l'enseignement biblique et théologique, je viens d'initier une deuxième recherche doctorale sur la formation missiologique en Afrique francophone, en prenant la RD Congo comme étude de cas. L'intitulé de ma recherche est révélateur : *Transforming Missiology*, c'est-à-dire une missiologie *en* et *de* transformation.

L'inspiration est venue de l'ouvrage classique de David J. Bosch, lequel dans sa version originale en anglais s'intitule *Transforming Mission*. L'introduction de cet ouvrage justifie le choix de cet intitulé : d'après l'histoire des missions, la mission a été à la fois une activité en perpétuelle transformation et une entreprise conduisant à la transformation[3]. Cette réalité s'applique aussi à la missiologie, car l'histoire démontre qu'elle a été toujours en perpétuelle transformation et qu'elle a souvent conduit à la transformation. Aussi, ma recherche doctorale se propose-t-elle de vérifier comment et à quel degré ce principe de *double* transformation s'appliquerait ou non à la missiologie protestante en cours en RD Congo. Voyons d'abord le sens de missiologie en transformation.

3.1. Définition de la missiologie en tant qu'une discipline en transformation

Telle que l'indiquent quelques auteurs[4], il n'y a pas encore une définition unique et définitive de la missiologie. Ce terme est toutefois défini

---

3. David J. Bosch, *Transforming Missions: Paradigm Shifts in Theology of Mission*, Maryknoll, NY, Orbis Books, 1991, p. xv.
4. Cf. James A. Scherer, « Missiology as a Discipline and What It Includes », *Missiology: An International Review*, 15 (4), octobre 1987 ; Stanley H. Skreslet, « Thinking Missiologically about the History of Mission », *International Bulletin of Missionary Research* 31 (2), 2007, p. 59-65.

de plusieurs manières et dans plusieurs perspectives. Il existe des définitions abrégées comme : « la missiologie est l'étude de la mission » ou « la missiologie est une science qui traite de la mission » ; des définitions qui semblent ne pas résoudre l'épineux problème de la compréhension de ce terme initié par un chercheur catholique en 1915, mais finalement accepté et copté par les protestants après la Deuxième Guerre mondiale. D'autres définitions sont plus élaborées, mais elles comportent le danger évident de compliquer la situation. C'est l'exemple de définitions qui introduisent des concepts tels que « annoncer le royaume à venir » (alors que Jésus parlait aussi du royaume présent) ou « promouvoir le développement social de l'homme » (mettant de côté tout discours de conversion des âmes et du salut éternel qui est tout aussi justifié), etc.

Sachant que la missiologie est une discipline *en* transformation, mieux, en perpétuelle évolution, il y a lieu de revoir les définitions existantes. Ici, nous servant de l'étymologie *missio* (mission) et *logia* (discours), nous pouvons suggérer que la missiologie est une étude scientifique et appliquée, basée sur les Écritures et autres disciplines de sciences humaines et sociales, concernant comment la mission de Dieu, à la fois locale et globale, est et devrait être *conçue*, est et devrait être *enseignée*, est et devrait être *pratiquée*[5]. Mis à part les aspects qui seront abordés ultérieurement, trois observations valent la peine d'être immédiatement explicitées au sujet de cette définition.

Première observation : cette définition met en exergue la missiologie sous réserve de deux réalités, celle existant aujourd'hui et celle n'ayant pas encore existé. Cela ne suggère pas seulement la remise en question de la missiologie, mais aussi celle de son triple objet, à savoir comment la mission est conçue, enseignée, et pratiquée de nos jours, et comment cette mission devrait plutôt être conçue, enseignée, et pratiquée. En d'autres termes, cette définition laisse entendre que notre compréhension actuelle de ce qu'est la missiologie pourrait ne pas être la meilleure demain ou après-demain. Ce qu'elle est aujourd'hui ne pourrait pas nécessairement être la même chose demain ou après-demain. À cet effet, le discours

---

5. Cette définition provient de ma recherche doctorale et constitue le cadre théorique et conceptuel de ma réflexion missiologique. C'est une version révisée de celle consignée dans mon ouvrage *Missiologie : Identité, formation et recherche dans le contexte africain*, Kinshasa, Makibi, 2011.

missiologique devrait être évolutif en tenant compte du contexte, de nos réalités locales et globales, mais toujours avec référence aux Écritures.

Deuxième observation : la définition ci-dessus remet en cause les définitions abrégées et simplistes formulées en ces termes : « La missiologie est l'étude ou la science de mission. » Dans notre recherche en cours, il s'est avéré que les thèses doctorales produites en missiologie, depuis 1945 jusqu'en 2014, abordent la missiologie différemment. Beaucoup de chercheurs conçoivent la missiologie en négligeant l'un ou deux des trois aspects soulignés dans cette définition, à savoir : comment la mission est et devrait être *conçue* ? comment elle est et devrait être *enseignée* ? comment elle est et devrait être *pratiquée* ? Pendant que les uns ne voient la missiologie que comme une étude des théories de mission, d'autres la perçoivent comme une étude de pratique de mission, et très peu considèrent la missiologie comme une étude s'occupant de comment la mission est et devrait être enseignée. Par contre, la missiologie devait s'occuper de la théorie de mission, de l'éducation sur la mission et de la pratique de mission. À cet effet, définir la missiologie simplement comme « discours sur la mission » ou « science de la mission » laisse le lecteur dans la confusion, surtout lorsqu'on réalise que le concept « mission » est utilisé différemment, même en dehors du cercle religieux. Exemple : Mission de Nations unies, ordre de mission, etc.

Troisième observation : cette définition met l'accent sur la nature même de la mission en vue. En dépit de diversité d'opinions sur la nature et le contenu du concept « mission », les idées convergent aujourd'hui autour des notions telles que *missio Dei*, mission holistique, mission locale, mission globale, etc., même si des divergences apparaissent quant au rôle spécifique de l'Église dans cette mission qui est, d'une manière consensuelle, comprise comme une initiative de Dieu. Ce qui est vrai, et peut-être rassurant, est que, quelle que soit l'opinion émise par une mouvance, le concept « mission de Dieu » est utilisé par tous. C'est ce qui ressort du récit de l'évolution de la missiologie.

3.2. Évolution de la missiologie

Une bonne littérature existe sur l'histoire de la missiologie en tant que discipline scientifique, faisant état de son évolution non seulement dans l'espace et dans le temps, mais aussi en rapport avec son statut et son contenu. À titre indicatif, la liste bibliographique de cette littérature peut être décelée et reconstituée à partir des études bien documentées menées par quelques auteurs[6].

C'est en 1811 que l'Allemand Frederick Schleiermacher, influencé par les Moraves[7], inséra les études de mission dans la faculté de théologie de son université. Il organisa donc les études théologiques en quatre domaines : la théologie biblique (Ancien et Nouveau Testaments), la théologie systématique (dogmatique), la théologie historique (histoire de l'Église) et la théologie pratique (études pastorales). Dans ce corpus, tout ce qui était relatif à la mission ou à l'évangélisation faisait partie de la théologie pratique. Les études sur la mission ne constituaient pas encore une discipline académique à part entière, ni un département au sein de la faculté de théologie.

Avec l'installation de Gustave Warnack comme professeur d'études de mission à l'université de Halle, en Allemagne, en 1896, ce qui est connu aujourd'hui comme missiologie devint une discipline à part entière, aux côtés de quatre (ou cinq) disciplines traditionnelles de théologie. Dès lors, selon les périodes et les milieux, la missiologie s'est développée en prenant différents statuts. Dans certains contextes, elle ne représentait qu'un cours ou un groupe de cours au sein de la faculté de théologie, alors que, dans d'autres, elle se restructurait en département ou en faculté. Beaucoup de facultés de théologie ont nommé des professeurs de mission et créé des chairs et départements de mission. Il est généralement reconnu que la missiologie, qui fut conçue en Europe, s'est plus développée en Amérique du Nord et a peut-être porté beaucoup de fruits en dehors de l'Europe et de l'Amérique du Nord.

Comme l'indique Craig Van Gelder[8], la création en 1950 de l'Association of Professors of Missions (APM) aux États-Unis donna une

---

6. Cf. David J. Bosch, *Theology of Christian Mission*, Maryknoll, NY, Orbis Books, 1980 ; James A. Scherer, « Missiology as a Discipline and What It Includes » art. cit. ; William R. Hogg, « The Teaching of Missiology: Some Reflections on the Historical and Current Scene », *Missiology: An International Review* 15 (4), p. 487-506, 1987 ; Olav G. Myklebust, « Missiology in Contemporary Theological Education: A Factual Survey », *Mission Studies* 12, 1989, p. 87-107, et J. Samuel Escobar, « Mission Studies Past, Present, and Future », *Missiology : An International Review* 24 (1), 1996, p. 3-29.
7. Cf. Jan A. B. Jongeneel, *Philosophy, Science and Theology of Mission in the Nineteenth and Twentieth Centuries*, vol. 1, Francfort, Peter Lang, 1995.
8. Craig Van Gelder, « Missiology and the Missional Church in Context », dans Craig Van

impulsion sans précédent à la missiologie. R. Pierce Beaver fut à l'origine de cette initiative, au moment où, suite aux bouleversements causés par les deux guerres mondiales (1914-1918 et 1939-1945) et l'aspiration à l'indépendance des États autrefois sous la colonisation, l'existence des missions occidentales et leurs actions furent mises en cause. Au fur et à mesure, les études de mission commencèrent à disparaître des programmes des institutions théologiques. Dans d'autres contextes, au lieu de parler des études de mission ou de science de mission, on parla désormais d'œcuménisme, de sciences des religions ou de dialogue entre religions.

Tout cela parce que le concept « mission » était mal vu et assimilé à la propagande de l'impérialisme occidental, la mission étant perçue comme un instrument d'exploitation. Il fallait donc une re-conceptualisation de la mission. Avec la conférence de Willingen en 1952 est née la conception trinitaire de la mission. Dès lors et au fil du temps, le concept « missions » (avec un *s*) fut remplacé par « mission » (sans *s*). Si le premier représentait ce que faisaient les missions occidentales, le second insistait sur le fait que la mission est une initiative personnelle de Dieu. C'est Dieu qui est le premier missionnaire, et l'Église n'a pour rôle que de le rejoindre dans sa mission. La mission de Dieu va au-delà des initiatives humaines conçues et exécutées par les Églises.

La mission de Dieu dépasse les limitations définies par les Églises dans leurs activités missionnaires. Avant que les missionnaires n'arrivent dans un lieu, Dieu s'y trouve déjà, se manifestant aux hommes dans sa souveraineté. Dieu se révèle à tous et partout sans dépendre des initiatives humaines accomplies à travers les actions des Églises. Dans les milieux œcuméniques, une telle conception de la mission implique que les notions d'évangélisation, de conversion et de salut soient relativisées ou élaguées du discours théologique. Au lieu de parler de l'évangélisation, il conviendrait plutôt de parler de dialogue et de la promotion sociale de l'homme (y compris la libération, l'humanisation, etc.). Du côté évangélique, on continua à insister sur l'évangélisation et l'implantation d'Églises comme éléments essentiels de la mission de Dieu accomplie à travers les Églises. Pour eux, la mission de Dieu se sert de l'Église comme outil accrédité.

Gelder, sous dir., *The Missional Church in Context: Helping Congregations Develop Contextual Ministry*, Grand Rapids, MI, Eerdmans, 2007, p. 12-27.

Cette re-conceptualisation de la mission eut des conséquences sur la conception même de la missiologie en tant que discipline académique. Plusieurs dénominations lui furent attribuées, correspondant ainsi à la perception qu'on avait de la mission et de la missiologie. La missiologie a donc connu des transformations non seulement du point de vue de sa dénomination, mais aussi dans son contenu. On peut mieux observer cette diversité en anglais : *mission studies, science of mission, school of world mission, intercultural studies, world Christianity, ecumenical studies*, etc. Pendant que peu d'universités maintiennent l'appellation *missiology*, beaucoup d'autres, même parmi les évangéliques, ont préféré prendre l'une ou l'autre de ces appellations précédemment citées. Même les institutions qui ont maintenu l'appellation *missiology* n'ont pas nécessairement gardé la même perception du passé. Par exemple, UNISA ne conçoit pas généralement la mission en termes d'évangélisation et d'implantation d'Églises en dehors des frontières nationales.

Dans leurs études sur le développement des accents missiologiques du XIXᵉ au XXᵉ siècles, quelques auteurs démontrent comment la missiologie a souvent été conçue en rapport avec la compréhension qu'on avait de la mission de l'Église[9]. Par moments, la discipline de la missiologie préparait à la mission au-delà des frontières, avec un engagement clair de proclamation de l'Évangile et d'implantation d'Églises. À d'autres moments, si elle existait sous tel ou tel nom, il ne s'agissait simplement que d'une étude des religions, sans aucune intention de préparer les apprenants à l'œuvre de conversion des gens d'autres religions. À travers l'histoire, ces deux conceptions ont généré plusieurs variantes, allant de l'existence d'une discipline dite de missiologie au sein des institutions théologiques à son absence totale du curriculum. Dans les contextes où cette discipline existait, plusieurs approches ont été adoptées, allant d'une approche professionnelle et pragmatique des études de mission à celle purement académique et spéculative.

---

9. Cf. Craig Van Gelder, « Missiology and the Missional Church » ; Stanley H. Skreslet, « Thinking Missiologically about the History of Mission », art. cit., p. 59-65 ; Scott W. Sundquist, *Understanding Christian Mission: Participation in Suffering and Glory*, Grand Rapids, Baker Academic, 2013.

3.3. Défi aux institutions théologiques

Devant cette réalité brièvement esquissée ci-dessus, le défi que les institutions théologiques devront surmonter est celui de déterminer et de justifier la nature de leur missiologie. Est-elle, ou doit-elle être statique ou dynamique ? En d'autres termes, en revisitant la missiologie dont nous faisons la promotion au sein de notre institution, est-ce que les accents que nous formulons pour l'articuler restent les mêmes ou sont-ils régulièrement évalués et réajustés ? Dans quel cadre le faisons-nous ? Est-ce d'une manière *ex cathedra*, à cause de ce que nous représentons dans nos institutions respectives ou le faisons-nous dans un cadre concerté d'échange objectif ? Pour être plus concrète, la question serait, à travers une évaluation concertée et objective, de savoir si l'initiative missiologique de 1990 (cas du Dr Nzash) et celle de 1997 (cas du professeur Mushila) auraient été conçues selon des termes de référence clairement définis ; et si, au fil des années, ces initiatives se sont avérées statiques ou dynamiques.

Une telle entreprise devra tenir compte des éléments esquissés plus haut que nous pouvons encore rapidement rappeler ici :

– notre conception de la missiologie en gardant à l'esprit son caractère évolutif ;
– notre conception de la mission en mettant en exergue la perspective théologique dans laquelle nous la concevons, avec référence à la révélation écrite de Dieu ;
– la place que nous réservons à la discipline de missiologie dans le corpus théologique (autonomie ou intégration) ;
– les objectifs institutionnels, académiques, pédagogiques et professionnels que nous assignons à la missiologie ;
– le contenu du curriculum constituant l'essentiel de la faculté ou du département de missiologie au sein de notre institution ;
– le niveau de visibilité des actions de notre faculté ou département de missiologie tant au niveau local que global, national qu'international.

4. La missiologie : une discipline *de* transformation

Le débat existe de savoir si la missiologie servirait à quelque chose de concret. En d'autres termes, la question est de savoir si la missiologie en tant que discipline académique a pour tâche d'initier les étudiants aux discours scientifiques sur la mission ou de les préparer comme des catalyseurs du mouvement missionnaire de leurs Églises respectives. Pendant que quelques auteurs mesurent la relation existante entre les études de mission et l'engagement missionnaire des étudiants[10], d'autres ne perçoivent pas cette relation[11]. Ces derniers démontrent que les mouvements missionnaires du XIXe et XXe siècles ont été le fruit du réveil spirituel plutôt que d'une formation académique. Par exemple, pour Bosch, les études missiologiques n'ont pas la mission d'attiser la conscience missionnaire dans la vie des étudiants. Elles servent plutôt à aider les étudiants à acquérir des compétences scientifiques les préparant à agir comme la conscience missionnaire de leurs Églises[12]. Comme on peut le constater, tout dépend du sens que l'on donne à l'expression « conscience missionnaire » et du rôle qu'on attribue à une institution de formation.

4.1. Définition de la missiologie en tant que discipline de transformation

Référence est encore faite à notre définition initiale, celle d'une étude scientifique et appliquée, basée sur les Écritures et autres disciplines de sciences humaines et sociales, concernant la manière dont la mission de Dieu à la fois locale et globale est et devrait être *conçue*, est et devrait être *enseignée*, est et devrait être *pratiquée*. Les observations, émises précédemment sur la question de définition de la missiologie en tant qu'une

---

10. Cf. C. W. Forman, « A History of Foreign Mission Theory in America », dans R. Pierce Beaver, sous dir., *American Missions in Bicentennial Perspective*, Pasadena, CA, William Carey, 1977 ; Norman E. Thomas, « Globalization and the Teaching of Mission », *Missiology: An International Review* 18 (1), 1990, p. 13-23 ; Jet den Hollander, « Some European Notes », *International Review of Mission* 94 (373), 2005, p. 216-227 ; Kruger P. Du Preez, Hans J. Hendriks et Arend E. Carl, « Missional Theological Curricula and Institutions », *Verbum et Ecclesia* 35 (1), 2014, Art. #1326, 8 pages. http://dx.doi. org/10.4102/vev35i1.1326, consulté le 15 mai 2015.
11. Cf. R. Pierce Beaver, « The American Protestant Theological Seminary and Missions: An Historical Survey », dans Harvie M. Conn et Samuel F. Rowen, sous dir., *Missions and Theological Education in World Perspective*, Farmington, MI, Associates of Urbanus, 1984, p. 65-80 ; Klaus Fiedler, *The Story of Faith Missions: From Hudson Taylor to Present Day Africa*, Oxford, Regnum Books International, 1994 ; Edward L. Smither, « The Impact of Evangelical Revivals on Global Mission: The Case of North American Evangelicals in Brazil in the Nineteenth and Twentieth Centuries », *Verbum et Ecclesia* 31 (1), 2010, Art. #340, 8 pages. DOI:10.4102/ve.v31i1.340, page consultée le 15 mai 2015.
12. David J. Bosch, *Transforming Missiology*, p. 498. Je n'adhère bien sûr pas à un tel point de vue.

discipline en perpétuelle transformation, s'appliquent également ici en abordant la missiologie en rapport avec ses effets. Malheureusement, beaucoup définissent la missiologie en laissant de côté cette problématique réelle de ses finalités. Une fois de plus, des définitions comme « la missiologie est la science de mission » ou « la missiologie est l'étude de mission » ne rendent pas cette problématique apparente. À cet effet, en parlant de la missiologie comme d'une *réflexion scientifique et appliquée*, il devient clair que la tâche est à la fois théorique et pratique. Il s'agit d'aider les apprenants à se préparer pour un engagement missionnaire, d'abord, au niveau théorique et scientifique, mais avec référence à la réalité de la vie des Églises ayant une mission concrète dans différents contextes[13].

Quelques remarques valent la peine d'être émises en rapport avec cette façon de comprendre la missiologie.

Tout d'abord, étant une discipline académique, la missiologie doit être abordée d'une manière scientifique, ayant un objet et une méthode bien définis. L'objet de la missiologie est la mission de Dieu, pas n'importe quelle mission. Il s'agit de la mission de Dieu révélée dans les Écritures concernant tout l'homme (holistique) et tout homme vivant tout près (local) comme au loin (global). La littérature[14] renseigne que tout le monde parle de *Missio Dei* ou d'holistique sans toutefois en donner le même contenu : s'agit-il de prêcher l'Évangile et d'initier les services sociaux ou de contribuer à la promotion sociale sans l'intention de convertir l'autre ? De même, on parle de plus en plus de la mission *glocale*[15] sans en donner le même sens : s'agit-il d'atteindre le monde sans quitter son milieu local ou d'atteindre le monde en partant de son milieu local ?

---

13. Lygunda li-M Fohle, *Toward a Reconstructionist Philosophy of Missiological Education in Francophone Africa: Case of DR Congo*, publié par GRIN, 2012.
14. Tormod Engelsviken, « Missio Dei: the Understanding and Misunderstanding of a Theological Concept in European Churches and Missiology », *International Review of Mission* 92 (367), 2003, p. 481-497 ; Eddie Arthur, « Missio Dei », dans James Butare-Kiyovu, sous dir., *International Development from a Kingdom Perspective*, Pasadena, William Carey International University Press, 2010, p. 49-66.
15. En anglais, *glocal* devient un concept usuel également en missiologie. Il est façonné à partir de trois premières lettres de *global* et trois dernières lettres de *local*. Rendu ici en français, cet anglicisme (*glocal*) voudrait tout simplement signifier ce qui est à la fois global et local. La mission est *glocale*, c'est-à-dire elle est à la fois globale et locale ; mieux, locale et globale (cf. Ac 1.8).

Ensuite, comme toute étude scientifique, la missiologie peut être abordée en suivant une recherche fondamentale ou une recherche appliquée. Pendant que la recherche fondamentale s'intéresse à la question de ce qu'il faut connaitre, la recherche appliquée se propose de répondre à la question de ce que nous devons comprendre avant de connaître ce que nous devons faire[16]. Pour la première question, l'essentiel est de savoir ou de connaître sans l'intention de résoudre un quelconque problème de la société. La seconde se préoccupe de comprendre les éléments de la problématique afin de résoudre un problème vital de la société. Pendant que la première est plus théorique et spéculative, la seconde est essentiellement pratique et pragmatique. Toutefois, ce serait une erreur de qualifier la seconde approche de simplement pratique car, en réalité, elle est plutôt la combinaison de la question conceptuelle (que devons-nous savoir ?) avec la question pratique (que devons-nous faire ?). Une recherche appliquée est une recherche scientifique qui prend en considération la recherche fondamentale en vue de résoudre un problème de la société, au lieu de rester au niveau de spéculation théorique et philosophique. Appliquée à la missiologie, il s'agit d'une discipline qui aide les apprenants à orienter l'Église dans sa mission[17].

Aussi, la missiologie se sert des Écritures et de l'apport des autres disciplines de sciences humaines et sociales. Il devient donc important que notre conception de missiologie clarifie notre point de vue sur la valeur des Écritures et celle des autres disciplines de sciences humaines et sociales. Notre approche herméneutique (inductive ou déductive) devient ainsi déterminante. La question essentielle demeure celle de savoir si, en formulant notre discours missiologique, nous devrions partir du texte vers le contexte ou du contexte vers le texte. C'est là où le torchon brûle entre les œcuméniques et les évangéliques[18].

Par ailleurs, une réflexion missiologique est différente d'une réflexion menée par des chercheurs d'autres disciplines[19]. En quoi une réflexion dite « missiologique » est-elle différente de celle de théologie systématique

---

16. Cf. Kate L. Turabian, *A Manual for Writers of Term Papers, Theses, and Dissertations*, 7ᵉ éd., Chicago, University of Chicago Press, 2007, p. 8-408.
17. Cf. Lygunda li-M Fohle, *Missiologie : identité, formation et recherche dans le contexte africain*, Kinshasa, Mabiki, 2011.
18. Cf. David J. Bosch, *Theology of Christian Mission*.
19. Cf. Stanley H. Skreslet, « Thinking Missiologically about the History of Mission », art. cit.

ou de théologie pratique ou d'histoire de l'Église ou d'une simple théologie de l'Ancien ou du Nouveau Testament ? À la lumière de cette définition, une réflexion missiologique devra être articulée dans une perspective de théorie de mission, de formation pour la mission et de pratique missionnaire. Plutôt que de simplement critiquer et spéculer, la tâche du missiologue devrait être celle d'identifier le problème existentiel lié à la théorie de mission ou à la formation pour la mission ou encore à la pratique missionnaire. Un discours missiologique devrait être clairement orienté vers la mission dans sa sphère locale ou globale, mais en la circonscrivant dans l'un ou l'autre de ces trois domaines que sont la théorie de la mission, la formation pour la mission et la pratique de la mission. Cette précaution fera que le discours missiologique ne fera plus double emploi avec celui conçu dans le cadre de théologie systématique, théologie historique ou théologie pratique. Bien sûr, la missiologie étant à la fois *inter* et *multi*-disciplinaire, le discours missiologique se sert toujours des données issues des autres disciplines de théologie, de la même manière qu'elle puise aussi dans d'autres disciplines des sciences humaines et sociales. Le défi est donc celui de préserver l'identité particulière à un discours missiologique.

4.2. Effets de la missiologie

C'est ici le lieu d'insister sur les conséquences de l'étude de « mission », l'objet principal de la missiologie. Dwight Baker insiste sur le fait que la missiologie comme discipline devrait affecter aussi bien les praticiens que les enseignants et les étudiants de la mission[20]. Pour lui, la missiologie mérite notre particulière attention, d'autant plus que les résultats d'une bonne missiologie, de même que ceux d'une mauvaise missiologie, comportent des conséquences. Comme on peut le constater, la missiologie sans effets n'est qu'un exercice stérile, un vœu pieux. Ici, nous soulignons deux domaines sur lesquels les effets de la discipline de missiologie devraient se faire sentir. La missiologie devrait être au service de la théologie, et de sa mission ainsi qu'au service de l'Église, et de sa mission.

---

20. Dwight Baker, « Missiology as an Interested Discipline—and Where Is It Happening? », *International Bulletin of Missionary Research* 38 (1), 2014, p. 17.

La missiologie au service de la théologie et de sa mission

Il existe des réflexions sur la relation entre la missiologie et la théologie[21]. Pendant que les uns voient la missiologie comme la mère de la théologie, d'autres perçoivent la missiologie comme la fille de la théologie, d'autres encore la conçoivent comme la sœur de la théologie. Loin de prétendre résoudre ici cette énigme, il importe toutefois d'insister sur le service que la missiologie peut rendre à la théologie qui est généralement perçue comme le laboratoire de l'Église et ses ministères. L'histoire nous apprend malheureusement que la tentation a souvent été grande pour la théologie de facilement oublier son rôle d'être au service de l'Église et de sa mission. Si la mission de la théologie est de servir de conscience de l'Église, la missiologie en tant que segment du corpus théologique aurait éventuellement le rôle de rappeler à la théologie sa mission vis-à-vis de cette Église.

L'expérience prouve que les autres disciplines de théologie ont été mises au service de la missiologie. Par exemple, en dépit de sa qualification doctorale en Nouveau Testament, David Bosch préféra la mettre au service de la mission de Dieu. Son ouvrage intitulé *Transforming Mission : Paradigm Shifts in Theology of Mission* (traduit en français sous le titre *Dynamique de la mission chrétienne*) est devenu un document de référence, non seulement en missiologie mais aussi en théologie de façon générale. Il en est de même de Christopher Wright qui, doté d'une qualification en Ancien Testament, depuis lors, orienta ses réflexions vers la mission de Dieu. Son ouvrage intitulé *The Mission of God : Unlocking the Bible's Grand Narrative* (traduit en français sous le titre *La Mission de Dieu*) est également devenu un document de référence à la fois pour ceux qui font la missiologie et ceux des autres disciplines de la théologie. Comme nous l'avons déjà observé, les deux cas de Mushila et de Nzash sont similaires à ceux de Bosch et Wright. Ils ont mis leur compétence en science biblique au service de la mission de Dieu. De tels exemples sont légion. Dans leur article fouillé sur les thèses doctorales en missiologie, produites de 2002 à 2011, Robert J. Priest et Robert DeGeorge

---

21. Cf. Pavel Cerny, « The Relationship between Theology and Missiology: The Missiological Hermeneutics, article non publié présenté à l'International Conference of the Central European Centre for Mission Studies », Prague, Czech Republic, (20 juin 1987), 2007 ; Ross Langmead, « What is missiology ? », *Missiology: An International Review* 42 (1), 2014, p. 67-79 ; Stan Nussbaum, « A Future of Missiology as the Queen of Theology? », *Missiology: An International Review* 42 (1), 2014, p. 55-66.

démontrent comment beaucoup de missiologues, fruit d'autres disciplines de théologie et de sciences humaines et sociales, ont préféré mettre leurs qualifications initiales au service de la mission de Dieu[22].

Pour les quatre cas susmentionnés, d'aucuns pourraient sans doute trouver la raison dans l'influence que la discipline de missiologie aurait exercée au sein des universités où ils ont poursuivi leurs études de science biblique. La missiologie aurait été ainsi au service de la théologie. C'est ce que témoigne Moussa Bongoyok[23], en parlant de l'influence que Nzash reçue du Fuller Theological Seminary, une influence qu'il serait en train de transmettre à travers la formation missiologique en Afrique francophone. De même, dans une interview qu'il m'a accordée, Mushila[24] attesta qu'il voulait que son université en RD Congo suivît le modèle de l'université de Hambourg qui fut l'unique institution à organiser un département préparant les étudiants à traiter des vrais problèmes de la mission de l'Église dans la société.

La missiologie au service de l'Église et de sa mission

Il existe éventuellement des réflexions sur le rôle des études missiologiques par rapport à l'Église et sa mission[25]. Certains voient la missiologie comme un lieu d'apprentissage en vue d'un engagement missionnaire, d'autres approchent la missiologie comme une discipline purement scientifique n'ayant rien à faire avec la pratique missionnaire, d'autres encore conçoivent les études de mission comme simplement

---

22. Robert J. Priest et Robert DeGeorge, « Doctoral Dissertations on Missions: Ten-Year Update, 2002-2011 (Revised) », *International Bulletin of Missionary Research* 37 (4), 2013, p. 195-202.
23. Moussa Bongoyok, « The Influence of Unreached Peoples Thinking on Francophone African Theological Education and Mission », dans Beth Snodderly et A. Scott Moreau, sous dir., *Evangelical and Frontier Mission Perspectives on the Global Progress of the Gospel*, Édimbourg, Regnum Books, 2011, p. 120.
24. Mushila Nyamankan, interview réalisé à Kinshasa le 11 mai 2015.
25. Cf. David J. Bosch, « Theological Education in Missionary Perspective », *Missiology: An International Review* 10 (1), 1982, p. 13-34 ; Olav G. Myklebust, « Missiology in Contemporary Theological Education » ; J. Andrew Kirk, « Re-envisioning the Theological Curriculum as if the Missio Dei Mattered », *Common Ground Journal* 3 (1), 2005, p. 23-40 ; Michael McCoy, *Restoring Mission to the Heart of Theological Education: A South African Perspective*, une version révisée et augmentée du document soumis à la réunion de mars 2005 de la International Anglican Standing Commission on Mission and Evangelism (IASCOME), 2005 ; Darren Cronshaw, « Reenvisioning Theological Education: Mission and the Local Church », *Mission Studies* 28, 2011, p. 91-115.

un lieu d'études culturelles préparant les apprenants à la cohabitation transculturelle pacifique et au dialogue interreligieux. Une fois de plus, l'objectif de cette réflexion n'étant pas de s'engager dans ce débat, il importe toutefois de relever que la missiologie, en tant que discipline académique au sein de la faculté de théologie, n'aura sa raison d'être que si les effets de son existence étaient sentis et ressentis au niveau des Églises représentées par leurs étudiants.

En effet, la littérature et la réalité suggèrent que la RD Congo a toujours été une nation chrétienne. En période pionnière, l'Évangile y fut prêché par plus de cinquante sociétés missionnaires occidentales, puis en période post-missionnaire, il est prêché par plus de quatre-vingt dénominations protestantes regroupées au sein de l'Église du Christ au Congo ainsi que par plusieurs autres regroupements chrétiens, y compris les Églises dites du réveil. La RD Congo serait probablement l'unique pays en Afrique francophone où autant de sociétés missionnaires et Églises nationales furent impliquées dans l'annonce de l'Évangile. D'une manière générale, la littérature atteste que l'Évangile y a été largement accepté et de grandes églises y ont vu le jour[26]. De grandes dénominations, ayant même plus de membres que ceux de leurs églises-mères de l'Occident, ont émergé à travers le pays. Beaucoup d'institutions de formation théologiques se sont progressivement développées, partant du niveau académique le plus bas au niveau relativement plus élevé : écoles bibliques, instituts bibliques, instituts supérieurs de théologie, faculté de théologie avec plusieurs départements, avant de devenir des institutions universitaires. Bien entendu, les institutions de formation théologique en RD Congo n'ont pas toutes suivi le même développement, mais d'une manière générale, celles à caractère dénominationnel (ou communautaire) ont généralement commencé à un niveau académique relativement bas.

Assurément, la RD Congo regorge d'un grand nombre d'institutions de formation théologique plus que tous les autres pays de l'espace francophone africain[27]. Cependant, les données statistiques officielles

---

26. Cf. Alfred R. Stonelake, *Congo, Past and Present*, New York, World Dominion, 1937 ; Donald A. McGavran et Norman Riddle, *Zaire: Midday in Missions*, Valley Forge, PA, Judson Press, 1979 ; Adrian Hastings, *The Church in Africa 1450-1950*, Oxford, Clarendon, 1994 ; Elizabeth Isichei, *A History of Christianity in Africa*, London, SPCK, 1995.
27. Cf. Différents rapports de l'Association des Institutions Théologiques de l'Afrique, ASTHEOL.

renseignent que la RD Congo ne fait pas partie des nations qui auraient envoyé le plus de missionnaires[28]. À cet effet, eu égard au nombre de plus en plus croissant d'Églises et d'institutions de formation théologique, d'aucuns se poseraient la question de savoir si la discipline de missiologie en gestation aurait eu ou pourrait avoir un quelconque impact sur les Églises en rapport avec leur mission holistique et glocale. C'est à ce niveau de réflexion que le défi aux institutions théologiques devient perceptible.

4.3. Défi aux institutions théologiques

De ce point de vue, le défi majeur se rapporte au résultat de la missiologie en cours en RD Congo. Il s'agit de savoir si elle rend vraiment service, à la fois à la théologie et à l'Église. Sur quelle recherche basons-nous notre réflexion missiologique ? Fondamentale ou appliquée ? Autrement dit, en revisitant la missiologie initiée dans notre contexte, en 1990 (cas du Dr Nzash avec le Centre universitaire de missiologie) et en 1997 (cas du professeur Mushila avec le département de science de mission, œcuménisme et sciences de religion), quel serait l'impact des réflexions missiologiques émises sur la mission de la théologie et celle des Églises ? S'agit-il d'une missiologie spéculative ou d'une missiologie appliquée ?

Une telle entreprise devra prendre en considération les éléments ci-dessus esquissés et que nous reprenons ici en filigrane :

- notre conception de la missiologie, en gardant à l'esprit sa nature de productrice d'effet ;
- notre conception de la mission, en mettant en exergue la perspective théologique dans laquelle nous la concevons avec référence à la révélation écrite de Dieu ;
- la place que nous réservons à la discipline de missiologie dans le corpus théologique (autonomie ou intégration) ;

---

28. Cf. Kenneth R. Ross et Todd M. Johnson, *Atlas of Global Christianity*, Édimbourg, Edinburgh University, 2009 ; Jason Mandryk, *Operation World: the Definitive Prayer Guide to Every Nation*, 7e éd., Colorado Springs, Biblica, 2010 ; Patrick Johnstone, *The Future of the Global Church: History, Trends and Possibilities*, Colorado Springs, CO, Biblica, 2011.

- les objectifs institutionnels, académiques, pédagogiques et professionnels que nous assignons à la missiologie et leur incidence sur la vie des Églises ;
- le contenu du curriculum constituant l'essentiel de la faculté ou du département de missiologie au sein de notre institution en rapport avec la mission de l'Église ;
- le niveau de visibilité des actions de notre faculté ou département de missiologie tant au niveau local que global, national qu'international.

5. Conclusion et recommandations

Comme annoncé en introduction, les éléments suivants de la conclusion de notre réflexion sont articulés sous la forme de recommandations qui, en réalité, émanent des différents défis qui se présentent aux institutions de formation théologique dans notre contexte. Parce que la missiologie est à la fois une discipline en perpétuelle transformation et une activité conduisant à la transformation, les recommandations suivantes sont à considérer par les autorités administratives et académiques des institutions de formation théologique, par les responsables et autres acteurs des facultés organisant le département de missiologie, par les étudiants et autres chercheurs ayant choisi la missiologie comme leur domaine de prédilection :

- revisiter notre conception de mission et de missiologie en vue d'un discours cohérent basé sur des perspectives historiques, scripturaires et théologiques ;
- revisiter notre philosophie de l'éducation (formation) missiologique pour en déterminer des méthodes bien réfléchies, des objectifs bien définis, et des résultats à espérer ;
- revisiter notre curriculum (programme de formation) en tenant compte du processus de Bologne dont l'impact sur le système éducatif francophone n'est plus à démontrer ;
- redynamiser la recherche missiologique et lui donner une dimension à la fois locale et globale ;
- créer une synergie nationale dans chaque pays en vue de se faire une voix dans le concert international du débat missiologique, tout en étant conséquent par rapport aux sensibilités théologiques en présence, à savoir œcuménique ou évangélique.

Le prochain chapitre proposera et explicitera quelques pistes d'évaluation pour assurer la qualité d'une offre de formation missiologique appliquée à n'importe quel contexte, mais surtout au contexte de l'Afrique francophone.

Chapitre 3
Quelques pistes d'évaluation quantitative et qualitative d'une offre de formation missiologique

1. L'arrière-plan historique

On ne le dira jamais assez, la première institution de formation missiologique d'obédience protestante, organisée et structurée au niveau universitaire en Afrique francophone a vu le jour en République démocratique du Congo en 1990. Il s'agit du Centre universitaire de missiologie (CUM), initié et basé à Kinshasa par Dr Nzash Lumeya après ses études en Ancien Testament au Fuller Theological Seminary, États-Unis, et après avoir transité par la Faculté de théologie évangélique de Bangui (FATEB), en République centrafricaine, comme professeur d'Ancien Testament. Tel que nous l'avons discuté ailleurs[1], il est quand même étonnant qu'un spécialiste de l'Ancien Testament devienne le pionnier d'une matière académique qui ne l'aurait pas servi de discipline de prédilection du premier degré. Ainsi que le démontre Moussa Bongoyok, la raison serait certainement liée à l'influence missiologique qu'il aurait reçue de l'un des départements du Fuller Theological Seminary, un département dénommé School of World Mission et animé dans le temps par Donald McGavran, ses collègues et leurs disciples[2].

En effet, 30 ans représentent une génération et exigent une évaluation objective du travail abattu. Il convient d'abord d'indiquer que le premier jet de la présente réflexion date de 2015, à l'occasion de la célébration du 25e anniversaire du CUM à Kinshasa, (RDC). Tout en réitérant mes

---

1. Lygunda li-M Fohle, *Transforming Missiology*, p. 326.
2. Moussa Bongoyok, « The Influence of Unreached », p. 120.

remerciements aux organisateurs de ces assises-là pour l'opportunité de partager ma réflexion de vive voix, les lignes qui suivent précisent ma pensée et les actualisent dans le cadre de la célébration du 30ᵉ anniversaire au niveau de tout l'espace de l'Afrique francophone. En effet, contacté pour dire mot à l'occasion de la conférence du 25ᵉ anniversaire de CUM, il me sembla bon de partager avec les participants quelques idées au sujet de la nécessité d'amorcer une évaluation de la missiologie protestante en cours en RDC, en vue de permettre une planification rationnelle pour les années à venir.

D'après le programme de ces festivités d'anniversaire, il s'agissait d'une conférence « missionnaire » et non d'une conférence « missiologique ». Il s'agissait plus d'une réflexion « missionnaire » plutôt que d'une réflexion « missiologique », c'est-à-dire que les orateurs étaient encouragés à orienter leurs exposés vers la pratique de la mission plutôt que vers la conceptualisation de la mission. Mon exposé paraissait quelque peu étrange au regard de son orientation d'aider l'auditoire non seulement à célébrer, mais surtout à réfléchir sur les 25 ans de fonctionnement de cette institution missiologique pionnière. Cela d'autant plus que du point de vue historique comme déjà démontré dans le deuxième chapitre, le CUM mérite d'être considéré comme *alma mater* de la missiologie protestante en Afrique francophone[3]. Aussi avais-je résolu de m'excuser pour un exposé conçu dans la perspective d'une conférence missiologique, en lieu et place d'une conférence missionnaire. Le présent texte en est une version revue et augmentée. Les sept points suivants en constituent l'ossature :

- clarification des concepts-clés ;
- la problématique et l'intérêt du sujet ;
- l'objectif de cet exposé ;
- de l'enseignement missiologique ;
- de la recherche missiologique ;
- du service missiologique ;
- conclusion et recommandations.

---

3. Voir d'autres détails dans Lygunda li-M Fohle, « Missiologie comme une discipline de et en transformation : défi aux institutions théologiques Protestantes de l'Afrique francophone avec référence à la République Démocratique du Congo », *Revue congolaise de théologie protestante*, p. 23-24 (2014), p. 257-271.

2. Clarification des concepts-clés

Avant d'aller plus loin, quelques concepts-clés sont à définir et à préciser, notamment missiologie protestante, missiologie, missiologie de niveau universitaire, évaluation objective, évaluation quantitative, évaluation qualitative et planification rationnelle.

Missiologie protestante

Il s'agit d'une missiologie académique, c'est-à-dire celle du milieu universitaire mais d'obédience protestante. Cette réflexion ne concerne pas la mission ou la missiologie enseignée au niveau des écoles et instituts bibliques ou celle émanant des centres de formation missionnaire non-universitaires. Le CUM étant une institution universitaire, l'emphase est mise sur la missiologie enseignée au niveau universitaire à travers les cycles de graduat, licence et doctorat. Tout en sachant que la missiologie est aujourd'hui animée par les protestants (évangéliques et non-évangéliques), les œcuméniques et œcuménistes, les catholiques et les orthodoxes, sans oublier les charismatiques et pentecôtistes, la présente réflexion s'intéresse plutôt à la missiologie protestante au sens large, bénéficiant à la fois aux membres de l'Église du Christ au Congo (ECC) et celles connues sous le nom d'Églises de Réveil. Ce choix est dû au fait que le CUM se situe dans cette mouvance et les indicateurs historiques de cette réflexion, y compris son objectif actuel, ne permettent pas d'inclure ces autres mouvances missiologiques (catholiques et orthodoxes). D'autres chercheurs pourraient valablement le faire pour le bien de tous. Cependant, qu'à cela ne tienne, les principes évoqués et discutés dans cette réflexion peuvent s'appliquer à n'importe quel contexte missiologique.

Missiologie et mission

Le concept « missiologie » est compris ici comme une étude scientifique et appliquée, basée sur les Écritures et autres disciplines de sciences humaines et sociales, concernant la manière dont la mission de Dieu, à la fois glocale et holistique, est et devrait être « conçue », est et devrait être « enseignée », est et devrait être « pratiquée ». Cette définition est plus inclusive que celles qu'on pourrait qualifier de « simplistes », comme nous le démontrons ailleurs. Il ne s'agit pas simplement de « science de la mission » ou « étude de la mission » ou encore « discours sur la mission ». Plusieurs aspects entrent en ligne de compte, y compris ce qu'on pense de la mission elle-même, une activité holistique (touchant tout l'homme, corps, âme et esprit) et glocale (à la fois locale et globale). Mais celle retenue ici semble un peu plus complète telle qu'amplement décortiquée ailleurs[4].

Missiologie de niveau universitaire

Il s'agit d'une offre de formation missiologique qui est organisée à partir du premier cycle jusqu'au dernier cycle universitaire. Cela peut être le certificat, la licence et le doctorat, ou selon le système international dit de « processus de Bologne » (LMD), une missiologie du niveau de licence, de master et de doctorat. Bien qu'on puisse aussi parler de la missiologie à un niveau non-universitaire, par exemple, l'Institut missiologique que Dr Nzash créa à Bangui au sein de l'Église coopération évangélique, presque dans la même période en 1990 ou encore au début de l'Institut missiologique du Sahel (IMS) établi à Ouagadougou, au Burkina Faso, en 1994[5], l'attention porte ici sur la formation missiologique de niveau universitaire qui correspond à la nature même de CUM. Certaines institutions d'études de mission, qui auraient commencé comme des écoles ou instituts bibliques tout en évoluant au fil du temps vers le niveau supérieur et/ou universitaire, peuvent profiter de cette réflexion.

Évaluation objective

Il est question d'une appréciation qui tient compte de trois missions d'une université, à savoir : offrir un enseignement de qualité, promouvoir la recherche scientifique, et rendre des services à la communauté (société). Chacune de ces missions comprend plusieurs aspects qu'il importe d'identifier et de décrire dans cette réflexion, mais tout cela en rapport avec les études missiologiques. Une évaluation objective ne devra donc

---

4. Lygunda li-M Fohle, *Transforming Missiology*, p. 45-58 ; p. 304-316.
5. Voici l'information intégrale pourvue par Institut missiologique du Sahel sur son site internet (https://imsahel.org/) : L'Institut missiologique du Sahel « a pour vision de *former des mobilisateurs, formateurs et leaders en mission pour l'Afrique francophone.* Nous offrons des cours de niveau de diplôme, licence et maîtrise en mission et leadership chrétien, accompagnés de séminaires d'une semaine dans les églises et écoles bibliques sur la mission (*Cours Abrégé de Mission mondiale*, ou CAMM) ».

pas être subjective. Elle devra être faite sur base des critères, et termes de référence applicables même dans d'autres contextes, et au mieux, être menée d'une part, par l'institution elle-même (audit interne), et d'autre part par un tiers (audit externe). Ces approches *émique* (interne) et *étique* (externe) éviteraient de tomber dans une évaluation biaisée.

Évaluation quantitative

Il s'agit d'une appréciation qui tient plus compte de données statistiques pour apprécier l'impact d'une institution. Une « évaluation qualitative » est celle qui va au-delà de simples données statistiques. Par exemple, dire qu'une institution aurait formé 500 licenciés en 30 ans peut paraître, à première vue, très encourageant. C'est une évaluation quantitative. Essayer de trouver la moyenne par année, c'est-à-dire 500 finalistes divisés par 30 ans, pour trouver 17 licenciés par an, c'est toujours encourageant. Une fois de plus, c'est encore une évaluation quantitative. Cependant, lorsqu'on pousse la réflexion un peu plus loin pour appréhender ce que seraient devenus les 500 finalistes et ce qu'ils seraient en train de faire en rapport avec leur formation, c'est cela l'« évaluation qualitative ». On peut ajouter plusieurs autres aspects qualitatifs. Par exemples, combien ont réellement accompli la vision missionnaire et missiologique de l'institution qui les aurait formés ? Combien auraient initié le mouvement missionnaire soit par modalité, soit par sodalité, de près comme au loin ? Combien, après leurs études de licence, auraient obtenu leurs diplômes de master ou de doctorat en missiologie ? Combien, après leurs études de licence au sein de l'institution, seraient revenus avec une qualification supérieure pour y assurer la relève dans l'enseignement et dans la recherche ? Pour être objective et fructueuse, l'évaluation doit tenir compte de données « quantitatives » mais aussi et surtout de celles dites « qualitatives ».

Planification rationnelle

Si l'évaluation est une estimation de l'importance ou de la valeur de quelque chose, la planification, quant à elle, est l'organisation d'un plan selon des critères précis. Une planification rationnelle est basée sur des critères bien définis et évaluables. Ces critères sont en fait les différents aspects qui découlent de l'évaluation. Or, on ne peut pas faire une évaluation sans l'objectif de déboucher sur une planification. De même, on ne peut pas planifier sans avoir la pensée d'en faire une évaluation. De cette double réalité découle le cycle continu d'un projet ou d'une activité (digramme 1).

Diagramme 1. Cycle continu d'une offre de formation missiologique

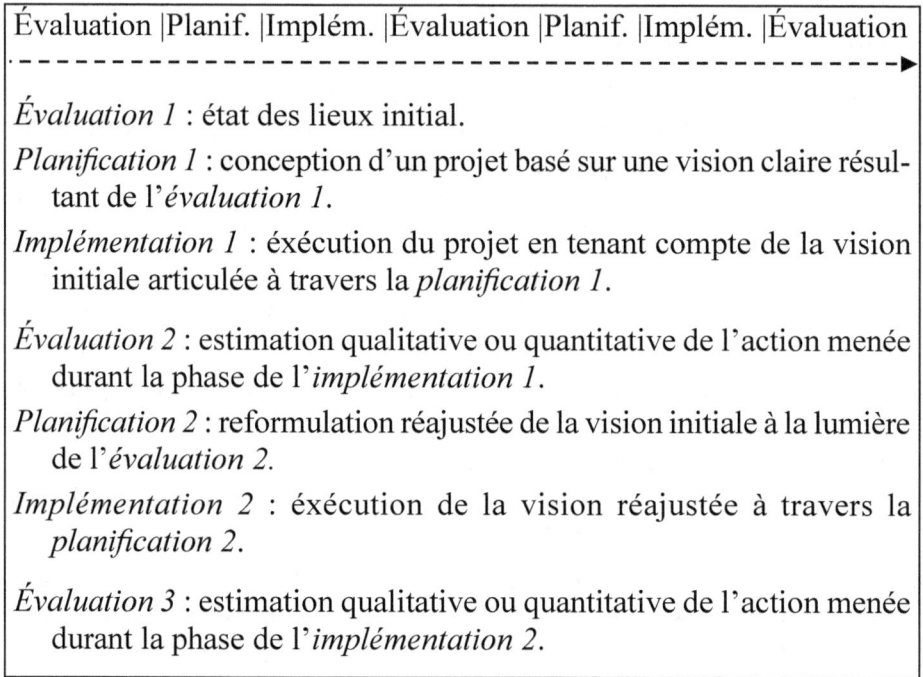

Évaluation |Planif. |Implém. |Évaluation |Planif. |Implém. |Évaluation
- ➤

Évaluation 1 : état des lieux initial.

Planification 1 : conception d'un projet basé sur une vision claire résultant de l'*évaluation 1*.

Implémentation 1 : éxécution du projet en tenant compte de la vision initiale articulée à travers la *planification 1*.

Évaluation 2 : estimation qualitative ou quantitative de l'action menée durant la phase de l'*implémentation 1*.

Planification 2 : reformulation réajustée de la vision initiale à la lumière de l'*évaluation 2*.

Implémentation 2 : éxécution de la vision réajustée à travers la *planification 2*.

Évaluation 3 : estimation qualitative ou quantitative de l'action menée durant la phase de l'*implémentation 2*.

3. Problématique et intérêt du sujet

Bien que n'étant pas formellement intégrée dans le manuel officiel des programmes de l'enseignement supérieur et universitaire en RDC issu de la réforme de 2003[6], la missiologie fait partie du corpus théologique de niveau universitaire depuis 1990, lorsque, pour la première fois, Dr Nzash initia le Centre universitaire de missiologie. Dès lors, la missiologie a élu domicile au sein de certaines institutions universitaires de théologie dans, au moins, l'un des trois cycles ci-après : graduat, licence et doctorat. Alors que, dans certains cas, la missiologie existe comme un département (cas de l'Université Protestante au Congo), dans d'autres

---

6. *Programme des cours : Réforme de la Table ronde des universités du Congo*, Kinshasa, CPE, 2010.

cas, elle est vécue comme une faculté (cas du Centre universitaire de missiologie)[7]. Dans une recherche récente, il s'est avéré que la missiologie serait encore absente dans plusieurs institutions ; et partout où un tel programme est proposé, il y a encore besoin de clarifier davantage la définition, la méthodologie de recherche, les résultats d'apprentissage, les structures de formation et les méthodes d'enseignement-apprentissage[8].

Comme dans toute œuvre humaine, il est donc nécessaire de penser à une évaluation et/ou à une planification en rapport avec cette entreprise qu'est la formation missiologique. Pour être complet, tel que le démontre le diagramme 1, un cycle continu d'évaluation, d'implémentation et de planification devrait s'étendre dans le temps, mais d'une manière croissante, selon que les années passent et les générations se succèdent. Par exemple, en prenant le cas du département de science de mission, œcuménisme et science de religion, qui a vu le jour au sein de l'Université Protestante au Congo (UPC) en 1997 à l'initiative du professeur Mushila Nyamakank, le cycle complet de vingt ans de ce programme irait de 1997 (pour Évaluation 1, Planification 1, Implémentation 1) à 2017 (pour Évaluation 2, Planification 2, Implémentation 2), à 2037 (pour Évaluation 3, Planification 3, Implémentation 3), à 2057 (pour Évaluation 4, Planification 4, Implémentation 4), etc.

Dans le cas du Centre universitaire de missiologie (CUM), le cycle complet de 30 ans s'étendrait dans le temps à partir de 1990 (pour Évaluation 1, Planification 1, Implémentation 1) à 2020 (pour Évaluation 2, Planification 2, Implémentation 2), à 2050 (pour Évaluation 3, Planification 3, Implémentation 3), à 2080 (pour Évaluation 4, Planification 4, Implémentation 4), etc.

Aussi devient-il important que les termes de référence soient clairement établis et définis à chaque étape du cycle d'un projet, pour servir de repère. Par exemple, en ayant en vue la missiologie académique protestante en Afrique francophone, après 30 ans d'existence, la nécessité de procéder à la fois à l'évaluation du cycle de 30 ans et à la planification de 30 ans à venir devient plus qu'urgent. Le double mouvement se dessine : faire une évaluation rétrospective de la période des 30 ans passés

---

7. Voir une étude comparative approfondie entre les deux institutions missiologiques dans Fohle Lygunda li-M, *Missiologie : Identité, formation et recherche dans le contexte africain*, Kinshasa, Mabiki, 2011.
8. Lygunda li-M Fohle, *Transforming Missiology*, p. 294-296.

et amorcer une planification prospective de la période des 30 ans à venir. Cela ne pourrait être faisable que si les termes de références étaient objectivement identifiés et définis.

Selon les auteurs, il est généralement admis que l'université se voit assigner trois missions principales : offrir un enseignement de qualité, promouvoir la recherche scientifique et servir la communauté (société). Si tel est le cas, et en considérant la nécessité d'opérer une évaluation objective, et une planification rationnelle, d'aucuns pouvaient se poser la question suivante : à quel degré la missiologie académique d'obédience protestante aurait-elle accompli sa triple mission dévolue à toute institution universitaire ? De cette question principale découleraient tant d'autres : quel est l'état de l'enseignement missiologique protestante en Afrique francophone par rapport à sa qualité ? Quel est l'état de la recherche missiologique du contexte protestant en Afrique francophone par rapport aux exigences scientifiques ? Quel est l'état de services missiologiques du milieu protestant en Afrique francophone rendus à la société ? Ces questions s'appliquent à n'importe quelle institution particulière et de n'importe quel pays particulier.

4. L'intérêt d'une telle réflexion

Eu égard à ce qui précède, l'intérêt porte sur le besoin d'identifier et de clarifier les éléments importants à mettre en musique, pour amorcer une évaluation objective et une planification rationnelle de la missiologie académique d'obédience protestante dans différents contextes. La question principale qui s'en dégage serait tout simplement de savoir s'il existe quelques éléments qui permettraient une évaluation qualitative ou quantitative qui soit à la fois exhaustive et objective, quant à l'état actuel de la missiologie de niveau universitaire dans nos milieux respectifs. Ces éléments pourraient également sans doute servir dans le cadre d'une planification rationnelle de cette missiologie offerte dans n'importe quelle partie du monde.

Il y a donc besoin qu'à l'échéance d'une période donnée (pas seulement attendre 30 ans ou plus), l'on évalue le parcours qu'on aurait fait afin de planifier pour l'avenir. D'une manière pratique, dans le cas du Centre universitaire de missiologie par exemple, après avoir existé et fonctionné pendant 30 ans, il est important d'évaluer l'œuvre accomplie et d'amorcer une planification des 30 ans à venir ; ou dans le cas du département de Sciences de Mission au sein de l'Université protestante au Congo, d'opérer une évaluation de 23 ans et d'élaborer une planification de 23 ans à venir.

Aussi, la présente réflexion se fixe-t-elle l'objectif de suggérer quelques repères à considérer dans cette double tâche d'évaluer objectivement et de planifier rationnellement. Ces repères s'articulent autour de trois missions principales de l'université, à savoir offrir un enseignement de qualité, promouvoir la recherche scientifique et servir la communauté (société).

Aujourd'hui, on parle de trois sortes de gouvernance universitaire : gouvernance académique, gouvernance administrative et gouvernance logistique (financière et matérielle). Bien que les trois missions de l'université s'appliquent à chacune de ces trois types de gouvernance, il est évident que les trois missions d'une institution universitaire fassent plus partie de la gouvernance académique. D'autres réflexions pourraient être initiées dans le cadre des deux autres gouvernances, à savoir la gouvernance administrative et la gouvernance logistique d'une institution missiologique.

5. De l'enseignement missiologique

La première mission de l'université est d'offrir un enseignement de qualité.

– *Enseignement* : quelle est la philosophie de l'éducation missiologique qui est prônée par l'institution ? Comment y définit-on le verbe « enseigner » ? S'agit-il simplement de communiquer des connaissances sur la mission ou surtout de transférer des compétences pour la mission ?
– *Le concept « qualité »* : de quoi s'agit-il et de quoi est-elle constituée ? D'une manière générale, cela peut inclure le contenu de l'enseignement missiologique, indiquer s'il répond au vrai besoin de la communauté (société) ; la méthode de l'enseignement missiologique, indiquer si elle permet aux étudiants d'apprendre réellement ; le processus du contrôle de connaissance missiologique, indiquer si les étudiants auraient vraiment appris ce qui était planifié, etc.

- Il y a une exigence aujourd'hui que chaque université dispose d'un service devant s'occuper de l'assurance qualité, c'est-à-dire s'assurer que la qualité est toujours et encore là. En ce qui concerne les études missiologiques, il est nécessaire d'avoir un service de l'assurance qualité dans chaque institution avec un mandat clair quant à ses objectifs et à son fonctionnement.

- *Parcours académique* : selon le processus de Bologne (LMD), les études missiologiques devront être organisées à trois niveaux : licence (3 ans), master (2 ans), doctorat (3-5 ans). Chaque niveau aura des objectifs précis comprenant des compétences touchant le *caractère* (cœur, être), la *connaissance* (tête, savoir) et la *compétence* (mains, faire). Une telle approche holistique met en évidence la nécessité de former tout l'être en vue d'une mission en faveur de tout l'être. L'apprenant devient lui-même entièrement exposé à l'œuvre de la transformation, afin de s'impliquer dans l'œuvre de la transformation holistique de son lieu de mission.

- *Programmation des cours* : basée sur des crédits transférables, 180 crédits pour la licence, 120 crédits pour le master, et 180 crédits pour le doctorat. Les cours sont organisés en semestre de 60 crédits chacun. Ils sont regroupés en unités d'enseignement ne dépassant pas 12 crédits et chaque élément constitutif d'une unité d'enseignement ne dépassant pas 3 crédits. Pour valider un cours (élément constitutif d'une unité d'enseignement), l'étudiant doit passer quelques heures de contact avec l'instructeur et beaucoup d'heures dans la recherche (individuelle mais aussi collective). À cet effet, 1 crédit équivaudrait à 30 heures dont 15 heures de contact et 15 heures de recherche au niveau licence, et 10 heures de contact et 20 heures de recherche au niveau master.

- *Étudiants* : quel type de missiologue veut-on produire ? Un pasteur ? Un missionnaire ? Un chercheur ? Quelles en sont les implications sur le plan ministériel et quelles en sont les exigences sur le plan académique ? Comment l'offre de formation (programme de cours) répond-elle vraiment à ces besoins et exigences ?

- *Enseignants* : quel est leur profil ? Sont-ils seulement académiques ou aussi professionnels ? Comment leur connaissance est-elle remise à jour ? Quelle est la philosophie de chaque professeur et comment cette philosophie vient-elle en appui à la philosophie de l'institution en ce qui concerne la formation missiologique ?

6. De la recherche missiologique

La deuxième mission d'une université est de promouvoir la recherche scientifique incitative, c'est-à-dire conduisant à l'action en vue de la résolution d'une question de théorie ou de pratique missionnaires.

1. *Recherche* : comment la recherche en générale, la recherche missiologique en particulier, est-elle comprise ? Est-ce le fait de faire des investigations pour élargir la connaissance présente sans l'intention de résoudre un fait de société ou plutôt avec l'intention de résoudre un fait de société ?

2. *Nature de la recherche* : est-ce une recherche fondamentale ou appliquée ? La recherche fondamentale mise sur des nouvelles connaissances sans nécessairement viser la résolution d'une question de pratique missionnaire, tandis que la recherche appliquée tentera de comprendre les faits en vue de résoudre un problème missiologique (théorie et pratique) auquel la société est confrontée, mieux, le problème auquel l'Église est confrontée dans l'accomplissement de sa mission. Un grand défi pour les missiologues consiste à bien faire la démarcation entre une recherche missiologique et une recherche de théologie pratique, de la théologie systématique, de la théologie biblique, de l'histoire de l'Église, car selon le corpus théologique en cours, les objectifs de ces départements ne visent pas nécessairement l'implication de l'Église dans une mission globale et holistique ;

3. *Qualité de la recherche* : il s'agit d'une recherche scientifique objective et méthodique. Une recherche qui part d'une question clairement identifiée, et qui débouche sur des solutions, et recommandations faisables ;

4. *Chercheurs* : qui doivent être considérés comme « chercheurs » au sein de notre institution ? En tout cas, aussi bien les enseignants que les étudiants. Mais la question est de savoir comment sont-ils orientés à cette tâche-là et que font-ils dans ce sens ?

5. Les éléments importants liés à la recherche :

   - *Bibliothèque* : existe-t-il une bibliothèque missiologique appropriée et actualisée ? Est-elle accessible aux étudiants (langue, emplacement, frais, etc.) ? Les articles et ouvrages de cette bibliothèque sont-ils des textes originaux ou des documents traduits ? Existe-t-il un réseau de bibliothèques de missiologie permettant d'assurer la complémentarité dans la recherche ? Existe-t-il et a-t-on accès à une bibliothèque électronique (*digital library*) ?

- *Séminaires et conférences* : organise-t-on des séminaires pour inculquer de nouvelles connaissances dans un domaine spécifique ? Organise-t-on des conférences pour partager et disséminer les résultats de recherche ? Comment se font ces séminaires et conférences ? Au sein d'une seule institution ou en synergie avec d'autres institutions locales et internationales ?

- *Publication* : parvient-on à publier des ouvrages (populaires ou scientifiques) ? De quelle tradition théologique (évangélique, libérale, œcuménique) ? L'ouvrage a-t-il été revu par des pairs et d'autres autorités du domaine ? Ces mêmes questions valent pour les articles. Sont-ils des articles populaires ou scientifiques ? De quelle tradition théologique (évangélique, libérale, œcuménique) sont-ils ? L'article a-t-il été revu par des pairs et d'autres autorités du domaine ? A-t-il répondu aux étapes essentielles d'une recherche scientifique ?

7. Du service missiologique

La troisième mission d'une université est de rendre des services à la communauté. Il s'agit du service « missiologique » et non simplement de service « missionnaire. » Le service missiologique (réflexion sur la théorie et la pratique de la mission) englobe le service missionnaire (souvent et essentiellement la pratique de la mission). Il serait donc mieux de parler de service missiologique, d'autant plus qu'il s'agit ici du « penseur missiologue » qui rend des services à la communauté (société), bien sûr, en tant que missionnaire. En d'autres termes, c'est la missiologie en tant que science qui se met à la disposition de (et rend service à) la communauté. Il faut donc penser ici à un mouvement du missiologue vers la communauté, afin de l'aider à vivre une foi informée pour la transformation holistique et à acquérir une connaissance incitant à la transformation communautaire.

- Par service, il faut entendre le travail que les missiologues accomplissent en faveur de la société, du fait de leurs études et de leurs recherches missiologiques.
- Nature du service : la nature du service missiologique est liée à l'orientation missiologique du missiologue. S'agit-il de l'implantation d'Églises (de près ou au loin) ? S'agit-il des actions sociales et philanthropiques ? S'agit-il de la formation sur les différents aspects interdisciplinaires (théologique, missiologique, leadership, etc.) ?
- Type de service : S'agit-il de service initié et animé par une seule personne comme un ministère indépendant ? S'agit-il de service initié et animé dans le cadre d'une communauté ecclésiastique ? S'agit-il de service initié et animé dans le cadre d'un partenariat ? S'agit-il de service initié et animé dans le cadre d'une association professionnelle (ASBL, ONG, etc.) ?

8. Conclusion

À la lumière de ce qui précède, il devient facile de classer telle ou telle autre institution universitaire missiologique dans l'une des catégories suivantes :

- universités centrées sur l'enseignement (encore faut-il que la qualité de cet enseignement soit assurée) ;
- universités misant sur l'enseignement et le service à la communauté (encore faut-il que l'institution organise ces services d'une façon planifiée et programmée) ;
- universités centrées sur la recherche (lectures et recherches personnelles des étudiants) ;
- universités insistant à la fois sur l'enseignement et la recherche (encore faut-il que cette recherche se conforme aux normes) ;
- universités poursuivant les trois missions à la fois, à savoir offrir les enseignements, promouvoir la recherche, et rendre des services à la communauté.

Comme on peut déjà le constater, une université mono-système ou univoque, c'est-à-dire celle s'attachant à une seule mission parmi les trois, ne peut prétendre avoir accompli la mission dévolue à une institution universitaire. Il en est de même d'une institution de formation missiologique. Aussi, pour évaluer chacun de ces trois aspects, il faudrait bien identifier et définir les termes de référence. L'interprétation des résultats d'une telle évaluation devra tenir compte de certaines variables en présence.

Ce qui est vrai, dépendant de plusieurs variables (facteurs), une institution de formation missiologique peut être reconnue pour un aspect parmi les trois décrits ici (enseignement, recherche, service). Ces variables peuvent être :

- les réalités historiques de l'institution ;
- le profil des enseignants (arrière-plan éducatif, qualification et compétence, personnalité, tradition théologique, etc.) ;
- le profil des étudiants (arrière-plan éducatif et professionnel, style d'apprentissage, conditions sociales, etc.) ;
- le système éducatif du milieu (emphase sur l'enseignement ou sur la recherche ?).

9. Recommandations

Ces recommandations sont formulées avec référence aux institutions organisant la formation missiologique :

1. *S'assurer que ces trois services fonctionnent au sein de l'institution :*

- Assurance qualité ;
- Centre(s) de recherche ;
- Programmes de service à la communauté.

2. *Faire une évaluation objective de la missiologie offerte :*

- Soit au niveau institutionnel ;
- Soit à travers des mémoires et thèses des étudiants.

3. *D'autres chercheurs peuvent :*

- Soit prendre un aspect parmi les trois discutés, élaborer les critères proposés dans ce chapitre, et amorcer une évaluation qualitative et/ou quantitative ;
- Soit prendre un aspect parmi les trois discutés, élaborer les critères proposés dans ce chapitre, et amorcer une planification à court, à moyen, ou à long termes.

Conclusion générale
Des missiologues francophones face à un dilemme asphyxiant

La lecture des trois chapitres de ce livre donne à réfléchir non seulement sur l'avenir de la missiologie, mais aussi sur la vraie situation dans laquelle se trouvent ceux qui auront choisi la missiologie comme leur domaine de prédilection.

Cela fait penser à l'anecdote de Johannes Verkuyl sur l'état fébrile de cette discipline, au point que ceux qui s'en réclament devraient se ressaisir et regarder la situation en face. Verkuyl dit ce qui suit : « Il fut un temps où la missiologie n'avait pas sa place dans l'encyclopédie de la théologie. On ne lui a même pas donné de place debout[1]. » Jusqu'à présent, dans plusieurs endroits en Afrique francophone, la missiologie est encore au stade d'être dans une « salle debout », sans savoir quand elle passera à la « salle assise ». Dans d'autres contextes, invitée au banquet théologique, elle pourrait se retrouver dans la « salle assise », mais sans savoir exactement à quoi s'en tenir.

Le statut volatile de la missiologie devient alarmant dans le contexte africain en général, et dans celui de l'Afrique francophone en particulier. Bien qu'elles datent, les observations de Kasdorf sur l'état de la missiologie en Afrique (de 1968 à 1993) révèlent un malaise persistant[2]. Au moment de la publication de son ouvrage, sur les soixante-seize écoles théologiques d'Afrique, treize avaient créé une chaire ou un département de missiologie, dont onze toutes situées en Afrique du Sud. La raison d'un tel malaise pourrait être double : le concept de missiologie tend à être considéré comme ayant des connotations impérialistes et occidentales, et

---

1. Johannes Verkuyl, *Contemporary Missiology*, p. 6.
2. Hans Kasdorf, « Current State of Missiology: Reflections on Twenty-Five Years 1968–1993 », *Direction Journal* 23 (1), 1994, p. 64.

de nombreuses institutions universitaires publiques préfèrent remplacer les départements de théologie/missiologie par des départements d'études religieuses.

Kasdorf conclut sa discussion par cinq questions, dont la quatrième est toujours valable aujourd'hui :

> *La missiologie pourra-t-elle conserver son statut actuel de discipline universitaire reconnue par l'Église mondiale alors qu'elle est ignorée par les universitaires laïcs et marginalisée par les théologiens et autres universitaires au niveau des facultés de théologie, comme le soulignent les recherches de Myklebust[3] ?*

En effet, à l'issue de ses recherches approfondies sur l'étude des missions dans l'enseignement théologique, le Norvégien Olav G. Myklebust indiqua que le principal problème réside dans l'ambiguïté de la matière de la missiologie[4]. La missiologie aurait encore besoin de plus de clarté sur sa nature et sa tâche. Par conséquent, la question de Kasdorf et la conclusion de Myklebust devraient résonner haut et fort à la fois pour les institutions théologiques et pour les missiologues en Afrique en général, et en Afrique francophone en particulier, étant donné que la question de l'implication de l'Église dans la mission en dépend et doit être élucidée.

Dans une étude récente, Amanze identifie divers types d'associations par lesquelles la formation théologique est offerte en Afrique[5]. Alors que certaines de ces associations promeuvent la formation théologique d'un point de vue œcuménique, d'autres le font à travers les cadres et idéologies ecclésiologiques spécifiques. D'autres associations se concentrent sur la formation théologique en tant qu'étude des religions et d'autres encore promeuvent la missiologie à travers la formation théologique, cette dernière étant considérée comme un canal par lequel la mission de l'Église devient le cœur de la préoccupation. Cependant, en ce qui concerne les études de mission, cette dernière catégorie a un public dans les pays anglophones du continent, tandis qu'en Afrique francophone, il

---

3. *Ibid.*
4. Olav G. Myklebust, *The Study of Missions in Theological Education*, vol. 1 et 2, Oslo, Egede Instituttet, 1955-1957.
5. James N. Amanze, « History and Major Goals of Regional Associations of Theological Schools in Africa », dans D. Werner, D. Esterline, N. Kang et J. Raja, sous dir., *Handbook of Theological Education in World Christianity: Theological Perspectives, Regional Surveys, Ecumenical Trends*, Eugene, OR, Wipf & Stock, 2010, p. 346-367.

manque encore une association solide et stable pour les études missionnaires et/ou missiologiques[6].

Dans un tel contexte, on peut facilement identifier trois situations dans lesquelles les missiologues de l'Afrique francophone devaient se retrouver : soit entre l'embrouillement et le tiraillement, soit entre la révolte et le retrait, soit entre une caisse de résonance et l'aphonie.

Il est donc normal que, devant toute la panoplie de modèles de formation missiologique explorés dans le premier chapitre et les malentendus évoqués dans le deuxième chapitre, certains missiologues en Afrique francophones soient pour les uns « embrouillés » ne sachant exactement que dire ou faire. Quelques-uns se retrouveraient « tiraillés », devenant à la fois affaiblis parce que sans orientation claire. Tel serait « révolté », ne faisant plus confiance à certaines convictions missiologiques, bibliques ou évangéliques, tel autre opterait tout simplement pour un « retrait » de la scène publique pour vivre dans la solitude. Aussi y a-t-il pour les besoins de la cause, ceux qui se réjouiraient de servir de « caisses de résonance » des orientations de leurs soutiens financiers. Et ceux qui opteraient d'être « aphones », donc improductifs.

Des études approfondies dans plusieurs contextes en Afrique francophone ne manqueraient pas d'identifier non seulement ces catégories des missiologues, mais aussi les raisons à la base de telle situation parmi les trois états de dilemme sus-évoqués. Une telle réalité ne traduirait sans doute qu'une situation de division parmi les missiologues de l'Afrique francophone, conduisant également à l'instabilité et l'infertilité de leur discipline de prédilection. Il y a donc lieu d'apprendre des expériences de nos prédécesseurs qui, confrontés aux mêmes tempêtes, avaient réussi à les braver et à nous léguer l'héritage dont nous célébrons les 30 ans d'existence aujourd'hui. D'autres études peuvent porter sur les réponses à donner aux cinq questions relatives à l'identité missiologique, aux études missiologiques, à la recherche missiologique, aux publications missiologiques et aux associations missiologiques en Afrique francophone.

---

6. *Ibid.* Il a déjà été fait mention du REMEAF au deuxième chapitre, ce réseau de missiologues évangéliques pour l'Afrique francophone qui se recherche encore et dont le circuit semble trop fermé.

Diagramme 2. Questions importantes sur la promotion de la missiologie

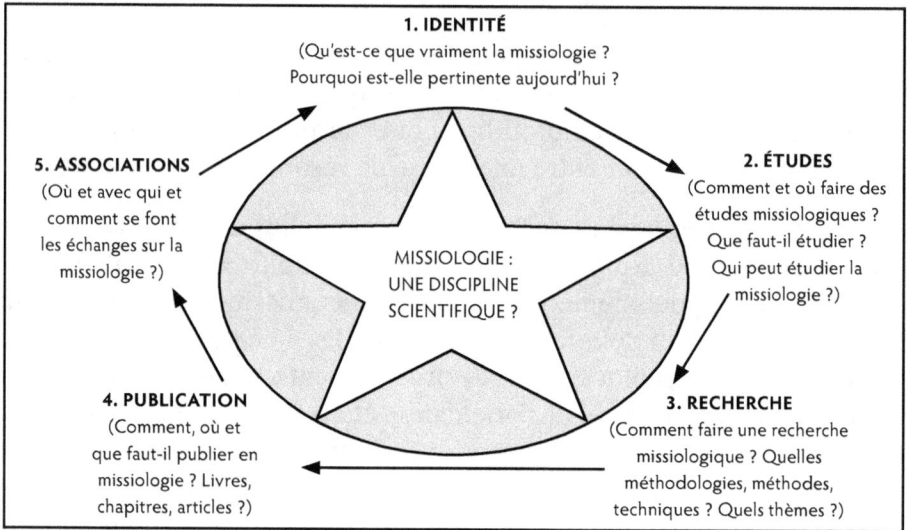

Source : Fohle li-M Lygunda

L'illustration du diagramme 2 en forme d'étoile met en lumière l'essentiel de l'énigme missiologique qu'il faudrait résoudre pour assurer l'avenir de notre discipline dans la prochaine génération.

Ces cinq questions peuvent être abordées soit individuellement, soit en groupe d'études, soit encore en panels pour spécifier et clarifier la portée et la pertinence de la discipline de missiologie, si l'on tient à son avenir et à son efficacité dans le contexte qui est le nôtre :

- De l'identité missiologique : qu'est-ce vraiment la discipline de missiologie ? Comment comprend-on le concept « mission » et le fait « mission » à la lumière de la Bible et en tenant compte du contexte actuel ? En quoi la missiologie serait-elle pertinente aujourd'hui dans le corpus scientifique en Afrique francophone ?
- Des études missiologiques : comment et où faire les études missiologiques en Afrique francophone ? Que faut-il y étudier, à quel niveau (ou cycle) d'études et en suivant quel modèle (ou type) de programme missiologique ?
- De la recherche missiologique : comment faire une recherche missiologique de qualité ? En suivant quelles méthodologies, méthodes et techniques de collecte et d'analyse des données, ainsi que de

présentation et de discussion des résultats ? Quels thèmes faut-il aborder en Afrique francophone ?

- De la publication : comment, où et que faut-il publier en missiologie ? Est-ce un livre, un chapitre, ou un article ? Est-ce une publication populaire ou une publication académique, individuelle ou collective ?
- Des associations missiologiques : où, avec qui, et comment se font les échanges sur la missiologie ? À quelle fréquence et quels en sont les avantages ?

En prenant conscience du dilemme sus-évoqué, il y a lieu de croire à un avenir fructueux de la missiologie protestante dans le contexte de l'Afrique francophone, mais cela à travers des *réflexions* décapantes, des *concertations* régulières et sincères, et des *actions* basées sur des informations fiables.

Bibliographie

AMANZE J. N., « History and Major Goals of Regional Associations of Theological Schools in Africa », dans D. Werner, D. Esterline, N. Kang et J. Raja, sous dir., *Handbook of Theological Education in World Christianity: Theological Perspectives, Regional Surveys, Ecumenical Trends*, Eugene, OR, Wipf & Stock, 2010, p. 346-367.

AMANZE J. N., « Paradigm Shift in theological Education in Southern and Central Africa and Its Relevance to Ministerial Formation », *International Review of Mission* 98 (1), 2009, p. 120-131.

ARTHUR E., « Missio Dei », dans J. Butare-Kiyovu, sous dir., *International Development from a Kingdom Perspective*, Pasadena, William Carey International University Press, 2010, p. 49-66.

BAKER D. P., « Missiology as an Interested Discipline—and Where Is It Happening? », *International Bulletin of Missionary Research* 38 (1), 2014, p. 17-20.

BALIA D., KIM K., sous dir., *Edinburgh 2010: Witnessing to Christ Today*, Oxford, Regnum Books, 2010.

BEAVER, R. P., « The American Protestant Theological Seminary and Missions: An Historical Survey », dans Harvie M. Conn et Samuel F. Rowen, sous dir., *Missions and Theological Education in World Perspective*, Farmington, MI, Associates of Urbanus, 1984, p. 65-80.

BONGOYOK Moussa, « The Influence of Unreached Peoples Thinking on Francophone African Theological Education and Mission », dans B. Snodderly et A. S. Moreau, *Evangelical and Frontier Mission Perspectives on the Global Progess of the Gospel*, Édimbourg, Regnum, 2011, p. 119-125.

BOSCH D. J., *Transforming Mission: Paradigm Shifts in Theology of Mission*, Maryknoll, NY, Orbis Books, 1991.

BOSCH D. J., « Theological Education in Missionary Perspective », *Missiology: An International Review* 10 (1), p. 13-34, 1982.

BOSCH D. J., *Theology of Christian Mission*, Maryknoll, NY, Orbis Books, 1980.

CAPE TOWN COMMITMENT 2010, *The Third Lausanne Congress on World Evangelization*, https://www.lausanne.org/gatherings/congress/cape-town-2010-3, consulté le 12 avril 2014.

CERNY P., « The Relationship between Theology and Missiology: The Missiological Hermeneutics », article non publié présenté à l'International Conference of the Central European Centre for Mission Studies, Prague, Czech Republic (20 juin 1987), 2007.

CRONSHAW D., « Reenvisioning Theological Education: Mission and the Local Church », *Mission Studies* 28 (1), 2011, p. 91-115.

DALLAS THEOLOGICAL SEMINARY, *Catalog 2003*.

DEHN U., WERNER D., « Protestant Theological Education in Germany and the Role of Religious Studies, Missiology and Ecumenics », dans D. Werner, D. Esterline, N. Kang et J. Raja, sous dir., *Handbook of Theological Education in World Christianity: Theological Perspectives, Regional Surveys, Ecumenical Trends*, Eugene, OR, Wipf & Stock, 2010, p. 577-583.

PREEZ (du) K. P., HENDRIKS H. J., CARL A. E., « Missional Theological Curricula and Institutions », *Verbum et Ecclesia* 35 (1), 2014, Art. #1326, 8 pages., https://doi.org/10.4102/ve.v35i1.1326, consulté le 15 mai 2015.

EDGAR B., « The Theology of Theological Education », *Evangelical Review of Theology* 29 (3), 2005, p. 208-217.

ENGELSVIKEN T., « Missio Dei: the Understanding and Misunderstanding of a Theological Concept in European Churches and Missiology », *International Review of Mission* 92 (367), 2003, p. 481-497.

ESCOBAR J. S., « Mission Studies Past, Present, and Future », *Missiology: An International Review* 24 (1), 1996, p. 3-29.

FERGUSON S. B., WRIGHT D. F., *New Dictionary of Theology*, Leicester, UK, Inter-Varsity Press, 1998.

FIEDLER Klaus, *The Story of Faith Missions: From Hudson Taylor to Present Day Africa*, Oxford, Regnum Books International, 1994.

FOHLE Lygunda li-M, *Toward a Reconstructionist Philosophy of Missiological Education in Francophone Africa: Case of DR Congo*, publié par GRIN, 2012. ISBN 978-3-656-47164-6. Disponible sur : http://www.grin.com/en/e-book/215395/toward-a-reconstructionist-philosophy-of-missiological-education-in-francophone.

FOHLE Lygunda li-M, *Missiologie : identité, formation et recherche dans le contexte africain*, Kinshasa, Mabiki, 2011.

FOHLE Lygunda li-M, « Missiologie comme une discipline de et en transformation : défi aux institutions théologiques protestantes de l'Afrique francophone avec référence à la République Démocratique du Congo », *Revue Congolaise de Théologie Protestante*, n°23-24, 2014, p. 257-271.

FOHLE Lygunda li-M, *Transforming Missiology: An Alternative Approach to Missiological Education*, Carlisle, UK, Langham, 2018, p. 45-58, 304-316.

FORMAN Charles W., « A History of Foreign Mission Theory in America », dans R. Pierce Beaver, sous dir., *American Missions in Bicentennial Perspective*, Pasadena, CA, William Carey, 1977.

GAIRDNER W. H. T., *Edinburgh 1910: An Account and Interpretation of the World Missionary Conference*, Édimbourg, Oliphant, Anderson & Ferrier, 1910.

HARKNESS A. G., « De-Schooling the Theological Seminary: An Appropriate Paradigm for Effective Ministerial Formation », *Teaching Theology and Religion* 4 (4), 2001, p. 141-154.

HASTINGS A., *The Church in Africa 1450-1950*, Oxford, Clarendon, 1994.

HOGG W. R., « The Teaching of Missiology: Some Reflections on the Historical and Current Scene », *Missiology: An International Review* 15 (4), p. 487-506, 1987.

HOLLANDER (DEN) Jet, « Some European Notes », *International Review of Mission* 94 (373), 2005, p. 216-227.

ISICHEI E., *A History of Christianity in Africa*, London, SPCK, 1995.

JOHNSTONE P., *The Future of the Global Church: History, Trends and Possibilities*, Colorado Springs, CO, Biblica, 2011.

JONGENEEL J. A., *Philosophy, Science and Theology of Mission in the Nineteenth and Twentieth Centuries*, Vol. 1, Frankfurt, Peter Lang, 1995.

KASDORF H., « Current State of Missiology: Reflections on Twenty-Five Years 1968–1993 », *Direction Journal* 23 (1), 1994, p. 64-81, disponible sur : http://www.directionjournal.org/issues/gen/art_823_.html., consulté le 15 mai 2015.

KIRK J. A., « Re-envisioning the Theological Curriculum as if the Missio Dei Mattered », *Common Ground Journal* 3 (1), 2005, p. 23-40.

LANGMEAD R., « What Is Missiology? » *Missiology: An International Review* 42 (1), p. 67-79, 2014.

MANDRYK J., *Operation World: the Definitive Prayer Guide to Every Nation*, 7e éd., Colorado Springs, Biblica, 2010.

MARKHAM I. S., « Theological Education in the 21st Century », *Anglican Theological Review* 92 (1), Maryknoll, NY, Orbis Books, 2012.

McCOY M., « Restoring Mission to the Heart of Theological Education: A South African Perspective », une version révisée et augmentée du document soumis à la réunion de mars 2005 de la International Anglican Standing Commission on Mission and Evangelism (LASCOME), 2005.

McGavran D. A., Riddle N., *Zaire: Midday in Missions*, Valley Forge, PA, Judson Press, 1979.

McKim D. K., *Westminster Dictionary of Theological Terms*, Louisville, KY, Westminster John Knox, 1996.

Messer D. E., *Calling Church and Seminary into the 21st Century*, Nashville, Abingdon, 1995.

Myklebust O. G., « Missiology in Contemporary Theological Education: A Factual Survey », *Mission Studies* 12, 1989, p. 87-107.

Myklebust O. G., *The Study of Missions in Theological Education*, vol. 1 et 2, Oslo, Egede Instituttet, 1955-1957.

Naidoo M., sous dir., *Between the Real and the Ideal: Ministerial Formation in South African Churches*, Pretoria, UNISA Press, 2012.

North-West University, Faculty of Theology. http://www.nwu.ac.za/missiological-perspective, consulté le 14 février 2014.

Nussbaum S., « A Future of Missiology as the Queen of Theology? », *Missiology: An International Review* 42 (1), 2014, p. 55-66.

Nyamankank M., Interview réalisée à Kinshasa, RD Congo, le 11 mai 2015.

Oxley S., « Review of the Handbook of Theological Education in World Christianity: Theological Perspectives, Ecumenical Trends, Regional Surveys », *The Ecumenical Review* 62 (4), 2010, p. 428-432.

Padilla R. C., sous dir., *New Alternatives in Theological Education*, Oxford, Regnum, 1988.

Parsons G., « History and Impact of the Fuller School of World Mission », dans Beth Snodderly et A. Scott Moreau, sous dir., *Evangelical and Frontier Mission Perspectives on the Global Progress of the Gospel*, Oxford, Regnum, 2011, p. 55-67.

Pierard R. V., « Gustav Adolf Warneck », dans Walter A. Elwell, sous dir., *Evangelical Dictionary of Theology*, Grand Rapids, Baker, 1984.

Priest R. J., DeGeorge R., « Doctoral Dissertations on Missions: Ten-Year Update, 2002-2011 » (révisée), *International Bulletin of Missionary Research* 37 (4), octobre 2013, p. 195-202.

Redcliffe College, Angleterre, www.redcliffe.ac.uk.

Robert D., « Mission Study at the University-Related Seminary: The Boston University School of Theology as a Case Study », *Missiology: International Review* 17 (2), 1989, p. 193-202.

Ross K. R., Johnson T. M., *Atlas of Global Christianity*, Édimbourg, Edinburgh University, 2009.

Scherer J. A., « Missiology as a Discipline and What It Includes », *Missiology: An International Review* 15 (4), octobre 1987, p. 507-522.

Skreslet S. H., *Comprehending Mission: the Questions, Methods, Themes, Problems, and Prospects of Missiology*, Maryknoll, NY, Orbis, 2012.

Skreslet S. H., « Missiology and the International Review of Mission over a century », *International Review of Mission* 100 (2), p. 160-178, 2011.

Skreslet S. H., « Thinking Missiologically about the History of Mission », *International Bulletin of Missionary Research* 31 (2), p. 59-65, 2007.

Smither E. L., « The Impact of Evangelical Revivals on Global Mission: The Case of North American Evangelicals in Brazil in the Nineteenth and Twentieth Centuries », *Verbum et Ecclesia* 31 (1), 2010, Art. #340, 8 pages. DOI:10.4102/ve.v31i1.340. Page consultée le 15 mai 2015.

Stonelake A. R., *Congo, Past and Present*, New York, World Dominion, 1937.

Sundquist Scott W., *Understanding Christian Mission: Participation in Suffering and Glory*, Grand Rapids, Baker Academic, 2013.

Terry J. M., sous dir., *Missiology: An Introduction to the Foundations, History, and Strategies of World Missions*, Kansas City, B & H, 1998.

Thomas E. N., « Globalization and the Teaching of Mission », *Missiology: An International Review* 18 (1), 1990, p. 13-23.

Turabian K. L., *A Manual for Writers of Term Papers, Theses, and Dissertations*, 7ᵉ éd., Chicago, University of Chicago Press, 2007, p. 8-408.

Université Protestante au Congo, *procès-verbal du conseil d'administration*, Kinshasa, UPC, 1997.

Gelder (Van) C., « Missiology and the Missional Church in Context » dans C. Van Gelder, sous dir., *The Missional Church in Context: Helping Congregations Develop Contextual Ministry*, Grand Rapids, MI, Eerdmans, 2007, p. 12-27.

Gelder (Van) C., « The Future of the Discipline of Missiology: Framing Current Realities and Future Possibilities », *Missiology: An International Review* 42 (1), p. 1-18, 2013.

Verkuyl J., *Contemporary Missiology: An Introduction*, Grand Rapids, Eerdmans, 1978.

Werner D., « Theological Education in the Changing Context of World Christianity: An Unfinished Agenda », *International Bulletin of Missionary Research* 35 (2), p. 92-100, 2011.

WERNER D., « Theological Education and Formation », dans Kirsteen Kim et Andrew Anderson, sous dir., *Edinburgh 2010: Mission Today and Tomorrow*, Oxford, Regnum, 2011, p. 158-165.

WERNER D., *Handbook of Theological Education in World Christianity: Theological Perspectives*, Regional Surveys, Ecumenical Trends, Eugene, OR, Wipf & Stock, 2010.

Index des thèmes

Index des noms de personnes

Table des matières

www.ingramcontent.com/pod-product-compliance
Lightning Source LLC
LaVergne TN
LVHW021614080426
835510LV00019B/2560